COMMENT SOMMES-NOUS DEVENUS SI cons?

À Tiphaine et Vanessa, toutes deux chères à mon cœur.

Du même auteur

De l'illettrisme en général et de l'école en particulier,
Plon, 1996. Grand Prix de l'Académie française

•

Tout sur l'école, Odile Jacob, 2004.

•

Le Verbe contre la barbarie,
Odile Jacob, 2007. Prix essai France Télévisions

•

Urgence école : le droit d'apprendre, le devoir de transmettre,
Odile Jacob, 2007.

•

Quelle école maternelle pour nos enfants ?, Odile Jacob, 2009.

•

Parle à ceux que tu n'aimes pas : le défi de Babel, Odile Jacob, 2010.

•

Au tableau, Monsieur le Président !, Odile Jacob, 2012.

•

La Langue française pour les Nuls, First Éditions, 2012.

•

La Grammaire, Nathan, 2013.

•

Apprendre à lire, Nathan, 2013.

•

Langue & science, avec Yves Quéré, Plon, 201

Alain Bentolila

COMMENT SOMMES-NOUS DEVENUS SI CONS ?

FIRST
Editions

ISBN : 978-2-7540-6689-1
Dépôt légal : septembre 2014
Imprimé en Espagne

Direction éditoriale : Marie-Anne Jost-Kotik
Édition : Laury-Anne Frut
Correction : Dominique de Chevilly et Jacqueline Rouzet
Mise en page et couverture : Olivier Frenot

Éditions First, un département d'Édi8
12, avenue d'Italie
75013 Paris – France
Tél. : 01 44 16 09 00
Fax : 01 44 16 09 01
E-mail : firstinfo@efirst.com
Site internet : www.editionsfirst.fr

Introduction

De mensonges en manipulations, de complaisances en lâchetés, notre intelligence collective se délite jour après jour. Et pendant ce temps-là les zélateurs d'une modernité triomphante célèbrent stupidement l'avènement d'un « monde nouveau » assujetti à la proximité et à l'immédiat, résigné à l'imprécision, soumis au prévisible, abandonné au consensus mou, séduit par le repli communautaire et dominé par la peur de l'autre.

Sommes-nous pour autant victimes d'un complot ourdi par des forces obscures décidées à saper les fondements de notre civilisation ? Non ! Non ! Rien de tout cela ! Ne cherchons pas ailleurs qu'en nous-mêmes les responsables de cette décadence intellectuelle. Nous avons oublié que, si nous devons résister à la passivité et à la bêtise, c'est certes pour nous-mêmes mais surtout pour ceux qui nous survivront. Et c'est donc bien notre peur de regarder plus loin que nous (pas plus haut, plus loin !) qui nous a rendus si complaisants. Tous coupables d'avoir négligé notre premier devoir : transmettre à nos enfants, par l'exemple des combats que nous aurons menés pour le vrai et le beau, le désir de construire un monde meilleur que celui que nous leur aurons laissé.

Nous sommes devenus cons parce que nous avons renoncé à cultiver notre intelligence commune comme on cultive un champ pour nourrir les siens. Oubliés le questionnement ferme, le raisonnement rigoureux, la réfutation exigeante ; toutes activités tenues aujourd'hui pour ringardes et terriblement ennuyeuses, remplacées par le plaisir immédiat, l'imprécision et la lâcheté. Parents, enseignants, politiques, nous sommes devenus incapables de défendre les valeurs culturelles, sociales et morales qui font notre cohérence et nous leur avons préféré les apparences identitaires, filles de l'entre-soi. Ne nous trompons pas d'ennemi ! Ce n'est certainement pas la diversité culturelle que nous devons combattre, c'est le danger d'une véritable « consomption culturelle » que nous devons affronter ; celle qui verra nos mémoires vides errer sans but dans un désert aride. Cette bataille c'est la seule qui compte parce qu'elle ne se livre pas contre d'autres groupes, contre d'autres communautés mais avec tous ceux qui, sans se renier, acceptent de construire ensemble le sens de ce qui les unit.

Du « à quoi bon ! » au « après moi le déluge ! » il n'y a qu'un pas que nous franchissons chaque jour allégrement en nous vautrant dans la prévisibilité d'un audiovisuel débile, en nous abandonnant à l'aléatoire dangereux du Web, en acceptant que notre école devienne une machine de reproduction sociale, en tolérant que nos politiques insultent quotidiennement notre intelligence, enfin en laissant abîmer le sacré jusqu'à en faire un masque hideux. Et nous livrons ainsi nos propres enfants à l'inculture et aux ombres trompeuses.

À ceux qui sont contraints de confier trop tôt leurs tout-petits à l'institution sans oser se poser la question essentielle de l'attachement ; à ces jeunes livrés à un monde dangereux sans qu'on leur ait donné la formation intellectuelle nécessaire pour en dénoncer les mensonges ; à ceux qui, cachés derrière leur écran, n'osent plus regarder l'Autre dans les yeux ; à ceux qui, prisonniers de l'entre-soi, sont terrorisés par l'inconnu et exaspérés par le différent ; à ceux que l'hypocrisie, la bêtise et la barbarie ont détournés de l'idée même du spirituel ; enfin, à tous « ceux que l'on foule aux pieds ».

À tous, ce livre est dédié !

Adresse

Lecteur, ne t'y trompe pas ! Ce livre ne pointe personne du doigt. Il dénonce un danger majeur : *l'extinction progressive de notre goût de la découverte, de notre volonté de questionnement, de notre désir de comprendre et d'apprendre*. Une telle perspective me terrifie, car elle marquerait la rupture avec l'aventure des hommes, engagés depuis toujours dans une quête obstinée du savoir. Car ce que les hommes ont toujours exigé, c'est moins le droit de « contempler » que celui de « comprendre ». Ce qui nous définit, c'est la volonté de penser ensemble le monde au-delà des apparences.

Nous ne devons pas attendre d'un prophète ou d'un quelconque messie la révélation de la vérité. J'appelle à ce que les intelligences singulières de chacun, *réunies et exaltées par leur langage commun*, tentent de défaire nœud après nœud l'entremêlement mystérieux des principes qui expliquent le monde et lui donnent cohérence. Le Verbe qui nous définit et nous distingue porte la pensée libre des hommes et *fait de l'Homme un créateur et non pas une créature*. Nos intelligences ainsi conjuguées doivent cesser de ne penser le monde qu'à vue et imaginer avec sagesse ce qu'il sera demain. Il est grand temps que nous identifiions les ennemis de notre intelligence collective. Il est grand temps que nous entrions en résistance contre tout ce qui nous abêtit, tout ce qui anesthésie notre *desiderio di sapere*[1] et celui de nos enfants.

Et je vous parle bien de résistance et non pas d'indignation. Il est si facile de s'indigner, surtout lorsqu'on est quelques milliers à scander des slogans sur une place ou sur des réseaux sociaux. Il est infiniment plus difficile de résister en agissant chacun au coin de sa rue ; en construisant chacun pierre après pierre des projets utiles que l'on pourra partager.

1. *Il desiderio di sapere*, « Le désir de savoir », beau titre d'un livre publié à Rome en 1603 par le jeune (dix-huit ans) Federico Cesi. Ce livre allait donner naissance, la même année, à *l'« Academia dei lincei »*, l'Académie des lynx (le lynx étant, à tort, supposé voir dans l'obscurité), première académie des sciences des temps modernes.

La télévision : la grande anesthésiste

La douceur sirupeuse du prévisible !

Il ne s'agit nullement de dénoncer ici la totalité des émissions de télévision. Il en est bien sûr de remarquables ; il en est qui invitent à la réflexion ; il en est qui nous surprennent et qui nous enchantent. Mais, avouons-le, celles que nous regardons le plus souvent sont d'une affligeante débilité. Ce qui est infiniment inquiétant, c'est l'effet pervers produit par la production télévisuelle massive sur l'intelligence de nos enfants et… sur la nôtre. Insidieusement, elle impose des habitudes sémiologiques et des gestes intellectuels qui éteignent nos ambitions de compréhension et de découverte. Elle parvient à dissuader les enfants et leurs parents de tout élan de curiosité et de toute audace de conquête, en les persuadant que *ce qui n'est pas connu d'avance est hors de portée de leur capacité intellectuelle.* Elle réussit à disqualifier le désir de « l'in-connu » en matraquant à longueur d'émissions le déjà-vu et le déjà-su. Année après année, la télévision est ainsi parvenue à briser le courage et l'envie intellectuels des téléspectateurs.

La production audiovisuelle voue aujourd'hui un véritable culte au « prévisible » et tient l'imprévisible pour une erreur de stratégie. Même au niveau fictionnel, dans les séries les plus « haletantes », on tient l'inattendu en laisse, on en adoucit les angles jugés trop aigus pour la mollesse intellectuelle supposée du téléspectateur. La plupart des séries sont ainsi proposées aujourd'hui en deux épisodes sans séparation publicitaire. À la fin du premier épisode, on présente les moments les plus forts du second épisode. Dans le souci de conserver le maximum de ses téléspectateurs, la chaîne leur tient cette promesse scandaleuse : « Restez avec nous, puisque vous savez déjà ce qui va se passer ! » Tel est le slogan d'une télévision qui tient le « déconcertant » comme un élément dangereux qu'il faut contrôler si l'on ne veut pas faire fuir des téléspectateurs incapables de l'affronter.

Dans l'immense majorité des séries télévisuelles, il n'est même pas nécessaire d'annoncer la couleur de l'épisode suivant. La stéréotypie des personnages, le confinement dans un lieu unique et le conformisme absolu de l'intrigue aux modèles de pensée majoritaires suffisent pour que l'on ait toujours un temps d'avance sur les images et dialogues et que l'on goûte ainsi au plaisir pervers de ceux qui se sentent « initiés ». Enfin, poussant le cynisme à ses limites, la télé multiplie les rediffusions : *best of* d'émissions éculées, épisodes de série déjà vus subrepticement insérés dans une suite, films cent fois mis à l'antenne. La télévision a ainsi créé un club d'affidés en donnant à ceux qui la regardent cette garantie, ô combien précieuse : « Vous ne courrez jamais le risque de ne pas comprendre parce que justement il n'y a rien à comprendre. » Sachant déjà une grande partie de ce qu'ils vont voir et entendre, les téléspectateurs peuvent alors s'enfoncer mollement dans un univers débarrassé de toute exigence de questionnement. Certains d'être à tout coup intellectuellement « à la hauteur », ils feignent d'ignorer que la hauteur est nulle et prennent l'habitude de ne cheminer qu'en terrain plat, découvert et sans surprises. Ces fictions familières, ces rediffusions à n'en plus finir, les portent comme les porterait la houle lente d'une mer tiède et grise ; elle les berce jusqu'à l'écœurement. Et à la longue, eux comme leurs enfants en viennent à aimer cette connivence rassurante, à chérir cette dépendance rituelle, à caresser ce joug sémiologique, en même temps que leur devient étranger le goût de la conquête et de l'exploration. Quel bonheur, dans ce monde incertain où l'on ne sait jamais de quoi demain sera fait, d'avoir le sentiment qu'enfin on a une prise sur le futur, fût-il immédiat. « Ah ! Je l'avais bien dit », se félicitera-t-on. Sans se rendre compte que c'est : « Mais, on me l'a déjà dit » qu'il faudrait avouer.

L'absolue prévisibilité de la production télévisuelle massive nous tire ainsi vers le *degré zéro de la compréhension*. Elle détruit l'idée même d'une quête du sens laborieuse et incertaine ; elle écarte toute velléité de questionnement et de critique. Nous sommes tous atteints par cette douce maladie qui racornit nos intelligences et qui éteint notre esprit critique. Certains résistent mieux que d'autres, parce qu'ils ont été mieux entraînés à la précision et à la vigilance, mais il est rare que l'on y échappe vraiment. À la longue, elle nous habitue à n'accepter, dans notre vie, que les discours, les textes et les images dont le sens nous est par avance en grande partie connu. Elle nous amène à nous méfier de toute aventure de compréhension qui pourrait comporter le moindre risque de difficulté et d'échec.

Lumineuses et rectilignes, les autoroutes sémiologiques de la télévision font apparaître les sentiers sinueux de la quête du sens que l'on ne peut parcourir sans effort et courage, comme dangereux et sans promesses.

Et votre cerveau affaibli est vendu aux annonceurs !

Pour sa part, le message publicitaire rejoint le discours télévisuel au degré zéro de la communication parce que, exactement comme la télévision, il destitue l'homme de sa spécificité essentielle *: inviter l'autre à se lancer hardiment à la découverte d'un sens qu'il ignore encore.*

Le message publicitaire, comme la majorité de la production télévisuelle, dissuade d'emblée celui qui le reçoit de seulement envisager l'aventure du comprendre. On ne comprend pas un slogan publicitaire, on l'avale ; comme on est avalé par des séries stéréotypées. On peut parfois en rire, en aucun cas en penser quelque chose. Pub et télé installent, sous le masque séduisant de l'humour et de l'esthétisme, des modèles d'accès au sens qui conduisent tous les enfants et leurs parents à la paresse et à la crédulité. La signification d'un message publicitaire est toujours le résultat de l'association d'un produit que l'on identifie et d'une qualité qui valorise ce produit. Toute pub n'exige que la réponse à deux questions : De quel produit va-t-on me vanter les mérites ? Comment va-t-on me distraire ? Jugez-en !

Sur l'écran de la télévision, un adolescent offrait une cigarette à une toute jeune fille ; cette dernière le regardait bien en face, prenait la cigarette et la portait à sa bouche. Puis, dans un même mouvement, elle l'écrasait entre ses mains, la jetait et disait : « Un peu de liberté gagnée. » Le jeune homme rangeait son paquet de cigarettes dans la poche de son jean et s'en allait sans un mot. La séquence durait un peu moins de vingt secondes sur un fond de musique vaguement « disco ».

– Dis-moi, demandai-je à ma fille avec l'espoir de la soustraire un peu à l'emprise du petit écran, pourquoi est-ce que la télévision passe ce petit film ?

Elle sursauta au son de ma voix et s'arracha à regret à sa contemplation.

– Quoi ? Le petit film avec les cigarettes ?

– Oui. Qu'est-ce qu'ils veulent dire avec ce film ?

– Eh bien, ils veulent dire qu'il faut fumer ; que la cigarette, c'est bon.

Autant que son contenu, le ton de sa réponse me laissa sans voix : on y reconnaissait la patience un peu forcée que l'on manifeste à un enfant qui pose pour la dixième fois la même question.

– Mais tu es sûre que c'est bien ce que ça veut dire ? Moi, j'ai plutôt compris le contraire.

Elle me regarda avec une certaine condescendance. Du regard dont l'expert gratifie l'amateur occasionnel. La « télé », c'était son domaine ; je n'avais pas la moindre chance d'y rivaliser avec elle. Elle daigna m'expliquer :

– Tu vois bien que c'est une pub. On parle de cigarettes (elle marque une pause pour être sûre que j'avais bien enregistré). Alors on dit qu'il faut fumer, et voilà[2] !

2. Nous avons, par la suite, reconduit l'expérience avec quarante enfants de cinq à six ans ; trente-huit d'entre eux ont fait la même réponse que ma fille (ce qui a eu l'intérêt de me rassurer sur ses capacités intellectuelles).

– Mais, insistai-je en m'accrochant à ce que je croyais être des réalités tangibles et irréfutables, tu as bien vu que la fille écrasait et jetait la cigarette. Tu as bien entendu ce qu'elle a dit !

Elle me jeta un coup d'œil plein de compassion ; décidément, je n'y comprenais rien.

– C'est pour jouer qu'elle a fait ça ! C'est toujours comme ça dans les pubs.

Les gestes, le comportement et même les paroles n'étaient ainsi que les péripéties aléatoires d'un jeu dont les règles étaient établies d'avance. Ma fille avait une fois pour toutes intégré le schéma immuable du discours publicitaire : on parle d'un produit et l'on en dit du bien. Peu importait le message de l'adolescente ; peu importait qu'elle eût écrasé et jeté sa cigarette. C'était une publicité ; on y parlait de cigarettes ; on ne pouvait donc qu'en faire la louange. Le reste ne pouvait être que gesticulations, parures et comédie, sans aucun effet sur la signification du message. Ma fille possédait les clés du sens avant même d'avoir vu le film publicitaire. La seule question à laquelle on l'avait invitée à répondre était : « De quoi parle-t-on ? » ; dès l'instant où cette question avait sa réponse, le sens allait de soi.

L'absolue prévisibilité de signification du discours publicitaire, quelle que soit l'originalité de sa forme, montre bien qu'il est de même nature sémiologique que la production télévisuelle ! *Ou mieux, nous pourrions dire que le message publicitaire est parfaitement miscible dans la bouillie télévisuelle.* Vous avez, comme moi d'ailleurs, regardé *Les Feux de l'amour*, cette série qui fait les beaux jours de TF1 depuis des décennies. Les rôles y sont parfaitement distribués comme dans la *commedia dell'arte* : le fourbe qui ne fera que des fourberies, la salope qui ne sera que tromperies, le juste qui ne déviera jamais du droit chemin, etc. Lorsque, passivement lovés dans notre canapé, nous nous abandonnons à la contemplation du spectacle, nous ne nous posons à aucun moment la question de savoir comment les uns et les autres vont agir. Le caractère stéréotypé des personnages induit à tous coups leurs comportements ; le regard, parfois fort distrait, que nous accordons à l'épisode ne vient que confirmer ce que nous avions prévu. De la même façon, l'apparition au milieu de l'épisode d'une publicité pour Coca-Cola ne nous incite, ni ne nous permet d'ailleurs, de nous questionner sur la qualité de la boisson, son contenu, ses effets sur notre santé, sa saveur, etc. La télévision met donc notre intelligence en congé, notre cerveau au repos et permet ainsi à la promotion commerciale de s'installer en terrain conquis, dans un univers où l'idée même du questionnement, de la réfutation ou de la critique est bannie. Cette collusion télé/pub n'est absolument pas cachée ; elle s'affiche clairement dans les mots mêmes du patron de TF1, répondant en 2005 à un journaliste : « Nos émissions sont essentiellement construites pour préparer un terrain propice aux publicités de nos annonceurs. »

Parents, si vous m'en croyez, ne prenez pas à la légère ce risque terrible que la télévision de masse fait courir à vos enfants, comme d'ailleurs à vous-mêmes. Si, comme moi, vous pensez que le propre de l'homme, c'est le désir de la découverte, la curiosité de comprendre, l'appétit du questionnement, alors vous savez que vous ne pouvez jouer plus mauvais tour à vos enfants que de les abandonner à l'emprise d'une télévision qui annihile toute envie d'inconnu et toute incertitude de comprendre. Dispensée à haute dose, la télévision efface ces « pourquoi papa, pourquoi maman ? » qui vous sont adressés comme un appel à regarder et à questionner ensemble le monde. Négliger cet appel adressé à votre intelligence, renvoyer votre enfant à la grande anesthésiste, c'est lui signifier qu'il ne compte en rien pour vous, qu'il ne vaut pas la peine, non pas nécessairement d'une réponse, mais au moins d'un instant de réflexion partagée. En le renvoyant devant la télé, vous lui demandez d'éteindre la lumière dans sa tête et de se contenter de contempler les ombres qui défilent sur l'écran placé au fond de la caverne. Et Platon verserait une larme…

Ne lisez pas, c'est trop risqué !

Imposée par une télévision uniquement préoccupée de forger une audience passive, l'addiction à la prévisibilité est devenue aujourd'hui l'ennemie mortelle de la lecture. « *Je ne lirai que si je sais par avance ce qui est écrit* », telle est l'exigence que beaucoup d'« enfants de la télé » adressent silencieusement à l'auteur avant d'ouvrir son livre. Ils voudraient donc savoir tout ou, du moins, une grande partie de l'histoire avant même d'avoir lu le premier mot du texte. Toute invitation à la lecture devient dès lors un impossible exploit, une insurmontable angoisse.

Dès les premières pages d'un livre, l'auteur pose toujours à son lecteur la même question : « Allez-vous me comprendre ? » Qui n'a pas ressenti cette pointe d'anxiété propre au commencement d'une lecture nouvelle ? Rien n'est d'emblée assuré, rien n'est donné au départ ; tout est à prendre ou, du moins, à comprendre. En ces débuts voilés, on ne prévoit rien ou si peu de chose ; on doit découvrir avec circonspection, mettre au jour avec prudence, se frayer des chemins parfois incertains. Et puis, peu à peu, les couloirs obscurs s'éclairent ; notre regard porte un peu plus loin, anticipant le prochain virage, la prochaine bifurcation. Ces personnages que l'on s'est donné la peine de connaître deviennent plus proches ; on en prévoit mieux les comportements et les relations, sans complètement s'y fier. Ces lieux dont on a, mot après mot, vu se dessiner les contours deviennent les décors plus familiers de nouveaux événements. Ce qui, au commencement, était une terre inconnue et, par là même, inquiétante se transforme, à mesure que l'on s'y fraie un chemin, en un lieu de retrouvailles et de reconnaissance. C'est parce que, nous lecteurs aguerris, avons su, livre après livre, faire poindre cette aube rassurante que nous pouvons accepter *le moment si difficile de l'abord*. L'instant où l'on accepte l'effort intellectuel et la suspension émotionnelle qui seuls nous permettront de dissiper les ténèbres et d'ainsi mériter de devancer peu à peu les mots du texte. En matière de lecture, la prévisibilité ne nous est jamais octroyée ; elle se gagne peu à peu en acceptant que le plaisir de l'imagination soit le juste prix du labeur intellectuel consenti.

En plaçant la prévisibilité au centre même de sa démarche de séduction, la production audiovisuelle nous a fait progressivement perdre l'audace, le courage et le goût de nous frotter au sens construit par l'écriture d'un autre. Elle a installé insidieusement une culture du pré-dit, du pré-vu qui est une sorte de contrat d'assurance contre tous les risques d'ambiguïté, de malentendu ou de… désaccord qui font justement de la lecture une aventure proprement humaine. Un texte questionne et s'offre au questionnement. Il est à la fois un espace où se négocie pied à pied le sens avec l'auteur et aussi parfois l'objet de mises en cause et de critiques. Un auteur invite ses lecteurs à discuter chacun des mots qu'il a choisis, chacune des articulations qu'il a utilisées. Un texte est vulnérable, c'est-à-dire qu'il s'expose à la réfutation, à l'interprétation et à la critique. La télévision, elle, ouvre uniquement au papotage, à l'anecdote, au constat superficiel et à l'émotion ; elle détruit émission après émission la capacité d'analyse et l'audace de la critique. Comment s'étonner qu'entre la transparence, certes monotone mais combien rassurante, des répétitions télévisuelles et l'opacité, certes excitante mais combien inquiétante, de l'inédit du livre, certains enfants mal accompagnés préfèrent s'alanguir dans les bras accueillants de la télévision. Jour après jour, la télévision formate les cerveaux des plus fragiles, les rendant souvent, à des moments clés de leur apprentissage, sémiologiquement réfractaires à la lecture, à l'écriture et à toutes formes d'heureux labeur intellectuel.

L'année dernière, au sein de mon laboratoire, nous avons tenté l'expérience suivante. Nous avons sélectionné quinze élèves d'une classe de CM1 d'une moyenne d'âge de 9 ans 4 mois qui passaient en moyenne six heures au moins par semaine devant la télévision. Nous avons pris soin de vérifier à partir de tests de lecture qu'ils étaient tous capables de comprendre un texte simple de 450 mots environ. Nous avons donc choisi huit épisodes d'une série télévisuelle suffisamment ancienne pour être sûrs qu'ils ne l'avaient pas suivie et huit extraits successifs d'un livre de littérature de jeunesse dont nous nous sommes assurés que le degré de lisibilité correspondait bien à des élèves de ce niveau.

Premier temps d'expérience : chaque élève regarde individuellement le premier épisode de la série et est invité à nous dire oralement comment il imaginait la suite et notamment comment d'après lui allaient agir les personnages.

Deuxième temps d'expérience : on présente l'épisode n° 4 et on demande à chaque élève de nous dire ce qui, d'après lui, s'est passé dans les épisodes 2 et 3.

À la première expérience, les élèves pour 80 % d'entre eux ont été capables de prévoir plus de 70 % des événements essentiels qui allaient advenir.

Lors de la deuxième expérience, 90 % des élèves ont assez facilement reconstitué l'essentiel (80 %) de l'énigme des épisodes 2 et 3.

L'expérience faite à partir des extraits du livre a révélé que, pour la quasi-totalité des élèves, leur capacité à prévoir la suite des événements ou de deviner ce qui s'était passé auparavant était 5,5 fois moins forte que pour les épisodes des séries.

Une télé réduite pour une intelligence méprisée

Je conserve, de quelques-unes des participations à des émissions télévisées, le même sentiment que l'on a lorsque l'on a raté un rendez-vous auquel on a longtemps rêvé. J'ai encore en mémoire l'attitude d'un animateur qui m'octroyait la parole en accompagnant ce « sacrifice » d'un geste impérieux de l'index et du pouce qui signifiait : « Faites court, évitez le tunnel ! » Le tunnel, dans le jargon télévisuel, désigne une consommation excessive de temps d'antenne, un développement trop important, une argumentation trop complexe. Faire court et simple ! La formule, la petite anecdote, le coup de gueule péremptoire sont les modes d'expression les plus appréciés ; ils sont ce qui va faire de vous un « bon client » et vous assurer de fréquentes invitations sur les plateaux. Le long et le profond sont les ennemis désignés de la communication audiovisuelle.

Lors d'une émission sur l'illettrisme, l'animateur m'avait, comme de coutume, demandé l'état actuel des statistiques ; ce qui d'ailleurs n'est pas ma spécialité. Après avoir dit que l'illettrisme en France concernait 9 à 10 % de la population, j'entrepris – au mépris des règles télévisuelles – d'expliquer qu'à la fin du XIXe siècle la proportion des analphabètes était d'environ 50 % ; plus grave encore, je me hasardai à dire que les analphabètes du XIXe siècle ne subissaient pas la même exclusion sociale que les illettrés d'aujourd'hui. Fou que j'étais de m'embarquer dans une telle aventure démonstrative ! Je fus promptement rappelé à mes devoirs de simplicité et de ponctualité, gentiment invité à aller exercer mes talents d'analyse dans le cadre d'un obscur séminaire universitaire. Et pourtant, il me semblait utile de donner un sens historique et culturel à des statistiques aisément manipulables. Il n'était tout de même pas sans intérêt de dire à nos concitoyens que l'analphabète du XIXe siècle avait une chance d'intégration sociale et professionnelle alors que l'illettré d'aujourd'hui était promis à l'exclusion. Trop compliqué pour le cerveau fatigué des téléspectateurs ? Trop long pour une attention vite lassée ? Non ! Je n'en crois rien. Je dirais plutôt mépris d'un animateur « vedette » pour une intelligence collective dont il avait *a priori* défini les limites étroites ; règles arbitrairement imposées qui privilégient le ponctuel et le succinct en s'abritant derrière les attentes supposées du téléspectateur ; crainte enfin du discours de l'autre et refus de partager le pouvoir de parole au sein d'un débat télévisuel souvent peu et mal préparé. La parole publique, notamment à la télévision, se trouve ainsi soumise à des contraintes perverses qui lui ont fait progressivement renoncer à relier les faits les uns aux autres, à les placer dans leur dimension historique et à les analyser dans leur complexité. Il suffit d'écouter le discours des hommes et femmes politiques, toutes tendances confondues, pour comprendre à quel degré d'imprécision et de médiocrité est réduite aujourd'hui la communication publique.

Le mépris que l'on voue au téléspectateur prend une dimension toute particulière dans ce que l'on nomme émissions de téléréalité. Aux deux extrémités de l'axe de la bêtise, nous pouvons placer d'une part *Striptease*, émission soigneusement construite, avec un montage marquant bien la distance, et d'autre part *Allô Nabila, ma famille en Californie* qui, en continu, sans aucun montage, nous montre la vie rêvée de Nabila et de sa famille transportée dans le paradis de la côte est. Au niveau des intentions des producteurs, il y a, entre ces deux émissions, une différence essentielle : *Striptease* est censée interroger le téléspectateur, l'inciter à réfléchir sur la nature humaine alors que *Nabila* lui propose de regarder par le trou de la serrure la bêtise humaine à l'œuvre sans aucun recul, sans la moindre proposition de réflexion. On pourrait certes penser que le choix est laissé au téléspectateur. Sauf que pour une heure de *Striptease* il y a sur l'ensemble des chaînes plus de cinquante heures d'invitation au voyeurisme dépourvues de toute proposition de sens. Ce déséquilibre considérable, à l'avantage d'une « télévision-à-voir » contre une « télévision-à-penser », montre bien la voie délétère dans laquelle on nous entraîne : privilégier la seule perception, l'émotion primaire, la curiosité malsaine aux dépens de la réflexion distanciée et critique. Le plus inquiétant c'est que, de plus en plus des gens qui regarderont encore *Striptease* dans quelques années (si l'émission existe encore...) risquent de ne plus être capables de marquer la moindre distance critique parce qu'ils auront, sans même s'en rendre compte, rejoint le troupeau des « abêtis ». C'est peut-être là que réside la différence avec le livre. On pourra sans doute être « dressé » à regarder *Striptease* comme on regarde *Nabila* ; il me paraît difficile que l'on puisse un jour lire Primo Levi comme on lit Marc son homonyme.

Dire n'importe quoi n'importe comment !

Alors que tant de personnes les écoutent et les regardent, comment les animateurs et leurs invités peuvent-ils parler si mal ? Nous vivons un temps où la distinction est devenue suspecte et l'approximation banale. On s'en contente, on s'y complaît, on en fait même un signe de reconnaissance. Tenter de distinguer ou de faire distinguer « immigration » et « émigration » passe pour une étrange manie ; marquer la différence entre « conjoncture » et « conjecture » est carrément inconvenant ; vouloir séparer « acception » et « acceptation » vous fera taxer de puriste ou de « bouffon ». Un examen attentif de deux heures d'émission de la télévision publique a permis de relever une trentaine de confusions et quelques barbarismes dans des émissions d'information et de débats :

« Il a adjuré son appartenance à l'islam. »

« L'adhésion de la tumeur rendait l'opération délicate. »

« L'affectation dont il souffrait lui fut fatale. »

« Elle était infligée d'un physique épouvantable. »

« La plus haute partie de l'île effleurait à peine la surface. »

« Son beau-père lui a affligé une terrible correction. »
« Son allocution rendait son intervention incompréhensible. »
« Il a fait illusion à un précédent discours… »
« Le président a amené dans son déplacement… »
« Il est amoral de brûler des voitures. »
« Il a épuré les comptes de l'association. »
« Je soumets à votre intention… »
« C'est une opération de blanchissage généralisée. »
« C'est parfois compréhensif, même si les conséquences peuvent être graves. »
« C'est absolument dénudé de sens. »
« Vous parlez par éclipses ! »
« Prenez régulièrement une effusion de tilleul. »
« Quand donc voulez-vous aménager ? »
« L'éruption du cambrioleur a pris les policiers de court. »
« Par contre, les vols à l'inventaire ont explosé. »
« L'avalanche est d'autant plus forte que l'inclination de la pente est sévère. »
« Dans l'Ardèche, ce n'est pas un investissement, c'est un parachutage. »
« Je veux dénoncer une machinerie électorale. »
« Le matériel utilisé pour les fondations était de mauvaise qualité. »
« Nous sommes aujourd'hui oppressés par un système économique injuste. »
« Ne me parlez pas encore du péché original. »
« Cette arrivée est éminente. »
« Les changements climatiques sont séculiers. »

« Le ministre a précisé que ces changements ne sont que temporels. »

« Non, monsieur, je n'utilisais pas ce mot dans cette acceptation ! »

« C'est la raison pour quoi je vous dis cela. »

« S'il y a bien une chose auquel je tiens, c'est bien la liberté d'expression. »

« Ce parti dont il dit ne pas appartenir. »

« En tant que député, je dois vous dire qu'est-ce que vous devriez savoir. »

« Et pouvez-vous nous dire combien coûte-t-il ? »

« Et au final, au jour d'aujourd'hui, il est complètement ruiné. »

« Cette réunion dont vous avez participé l'année dernière. »

Mais, nous diront ces animateurs et invités négligents : « Ces différences sont bien peu de chose : un son, une ou deux lettres ! Pourquoi se donner tant de peine alors que, dans presque tous les cas, on finit bien par nous comprendre… » Méfions-nous de ces discours complaisants ! Renoncer à la distinction, c'est se vautrer complaisamment dans l'approximation par une paresse articulatoire qui cache mal une inquiétante paresse intellectuelle. Cet étalage tranquille d'approximations et de confusions formelles va de pair avec une préoccupante faiblesse de l'esprit : si animateurs et invités peuvent se permettre d'abandonner systématiquement les marques pertinentes qui distinguent les formes respectives des mots et celles qui en indiquent les relations grammaticales, *c'est parce que le contenu de ce qu'ils disent est d'une telle vacuité que la langue la plus négligée pourra malgré tout les porter.* La forme de la langue télédiffusée est à la hauteur des contenus qu'elle véhicule : ses approximations portent sans faiblir des messages d'une totale superficialité.

Internet et réseaux sociaux : peu importent les contenus, seuls comptent les tuyaux

Internet, l'illusion d'une démocratie du savoir

L'entrée d'Internet au centre de la « ronde culturelle » non seulement ne diminue pas nos responsabilités en matière de formation intellectuelle de nos enfants ; elle nous impose au contraire une plus grande exigence. On ne peut pas s'embarquer pour un voyage aussi incertain sans avoir la lucidité intellectuelle de décider en toute connaissance de cause où on veut aller, pourquoi on y va et ce que l'on va faire de ce que l'on découvrira. Nous sommes trop facilement éblouis par l'étendue quasi infinie des informations disponibles : en quelques clics, on peut consulter des milliers d'articles, de livres ou de documents. Bien plus efficacement qu'une bibliothèque, les banques de données informatisées nous promettent de mettre à notre disposition l'information dont on a besoin au moment où on en a besoin, en alliant le texte, l'image et le son. Malheureusement ces promesses sont rarement tenues ou, pour mieux dire, elles ne sont tenues que pour une très faible minorité de privilégiés. En effet, ne maîtriseront la démarche de recherche que ceux qui posséderont les clés qui donnent accès à l'information utile. Car, plus il y a d'informations disponibles et plus il est difficile d'effectuer des choix dont on saura hiérarchiser les degrés de pertinence. Lorsqu'à une question posée sur un moteur de recherche, nous nous trouvons face à plusieurs milliers de pages, on doit posséder une sérieuse habileté de lecture, une vraie capacité d'analyse pour ne pas s'y noyer. Ce n'est ni le nombre des documents proposés, ni la rapidité avec laquelle ils nous sont proposés qui comptent, bien au contraire. L'important, c'est que tous nous soyons capables de tracer notre chemin dans ce chaos d'informations, que nous sachions exercer sur cette masse de documents notre esprit d'analyse et de critique et que nous ayons ainsi le pouvoir de sélectionner et de mémoriser ce qui enrichit notre réflexion personnelle ou collective. Les nouvelles technologies ne constituent pas en elles-mêmes une réponse aux inégalités culturelles ; bien au contraire, elles excluent de l'accès à la culture et à la connaissance tous ceux dont la fermeté intellectuelle est insuffisante. Elles nous imposent donc une ambition démocratique plus haute qu'auparavant, car elles condamneront les citoyens les moins formés aux pires préjugés, aux erreurs les plus graves, aux relations les plus chaotiques. Tandis que les autres – l'élite plus avertie qui sait distinguer le bon grain de l'ivraie – renforceront encore plus leur statut de « nantis du savoir ».

Internet, le surf aléatoire

Surfer sur Internet… L'expression est juste et… inquiétante. Sur le Web, lorsque l'on n'a pas choisi précisément son but, lorsque l'on ne maintient pas fermement son cap pour l'atteindre, on est porté par des vagues successives qui, chacune, nous abandonnent sur des grèves inconnues en attendant que la prochaine nous prenne et nous conduise ailleurs. Et l'on retient le plus souvent fort peu de chose de ces brefs échouages. Le danger des cheminements aléatoires, c'est justement qu'ils sont aléatoires. Si un jeune ou moins jeune, lancé sur Internet, ne domine pas l'objet et la méthode de sa quête, il est entraîné dans une balade incertaine. Et cela n'a rien à voir avec l'habileté technique et les talents d'intuition dont on gratifie volontiers les jeunes face aux technologies nouvelles. Nous parlons ici de la fermeté d'esprit qui seule permettra à l'internaute de résister à l'appel séduisant des sirènes.

L'examen de quelques-unes des pages d'accueil des plus importants serveurs est édifiant. Dès que l'on est connecté, les invitations se multiplient : horoscopes, jeux vidéo, psy, sexe, téléréalité… Autant de distracteurs qui risquent de dérouter l'usager et de lui faire oublier son intention initiale, si toutefois il en avait une. Mais, même une fois passé le barrage de ces propositions triviales ou… indécentes, il lui faudra tracer sa route avec la plus grande résolution, car à chaque bifurcation *la tentation de ne pas choisir* est forte. Pourquoi ne pas aller là-bas, et puis très vite autre part et, sans s'attarder, se laisser encore embarquer ailleurs ? Chaque étape à peine effleurée, jamais sérieusement visitée, porte en elle-même l'invitation à un prochain voyage. La « Toile » est si vaste – et si forte l'illusion de pouvoir aller partout – que l'inconstant finit par n'arriver nulle part et ne garde trace de rien. Le voyage est alors en lui-même la seule justification d'une quête devenue sans propos explicite et qui ne vaut que pour la balade.

La vraie démarche d'apprentissage est, elle, à l'opposé de cette flânerie aléatoire. Elle exige que l'on renonce à laisser courir son imagination au gré des stimuli pour accepter de s'astreindre à un raisonnement rigoureux fondé sur la logique de la *déduction*. Toute avancée dans une juste démarche intellectuelle doit être voulue et explicitée : nommer, décrire, expliquer, expérimenter encore et encore, telles sont les articulations d'une pensée formée à la rigueur. À l'école, comme à la maison, un enfant doit apprendre qu'un fait décrit peut être déduit d'une loi ou d'un principe plus général dont il est une des conséquences obligées et strictement répétitives. Il apprend qu'un principe général rejaillit dans mille directions, déclinant mille explications cohérentes de mille événements apparemment sans aucun lien entre eux. On doit l'amener à découvrir la cascade de conséquences logiques qui s'enchaînent à partir d'une situation initiale. Si nous ne nous attachons pas à former nos enfants à la déduction lucide et exigeante, l'inclination naturelle d'Internet pour *la démarche inductive* les emportera passivement dans un cheminement mal maîtrisé soumis aux aléas des rencontres (y compris les moins recommandables). Lorsqu'un enfant ou un adolescent entre dans ce nouveau monde, il doit avoir un projet très précis et pouvoir l'expliciter. Et il doit être en mesure de s'y tenir. Or, combien auront une suffisante fermeté intellectuelle pour imposer au Web la rigueur de leur propre démarche ? Il y a là un risque que des parents responsables doivent mesurer s'ils ne veulent pas que l'utilisation d'Internet ne prolonge et n'amplifie le travail d'anesthésie intellectuelle que la télévision poursuit avec cynisme et perversité. Pour qu'Internet contribue positivement à l'éducation de nos enfants, il faut régulièrement en accompagner les usages. Sans médiation exigeante, la pseudo-liberté de circulation et d'information débouchera sur le laisser-aller et la confusion.

Internet et la mémoire fout le camp

Au même titre que la rigueur intellectuelle, la *mémorisation* est au cœur de notre questionnement sur les effets du Web. Faites donc l'expérience ! Demandez à quelques adolescents de répondre à la question suivante en cherchant sur Internet : « Comment expliquer que, lorsqu'on lâche une pierre, elle tombe ? » Au bout d'une demi-heure, demandez à chacun de proposer une explication à partir des informations qu'il a recueillies. Chacun aura sans doute tiré sur imprimante un nombre important de pages, mais, à l'examen, la plupart des informations imprimées se révéleront sans beaucoup de pertinence. Aucun des adolescents ne sera capable de donner l'embryon d'une explication cohérente à la question posée. Lorsque vous leur demanderez ce qu'ils ont retenu de leurs trente minutes de quête, votre déception sera encore plus grande. Certains citeront peut-être le nom de quelques sites, l'un sur… l'archéologie, l'autre sur… les accidents en montagne. D'autres n'auront sans doute rien mémorisé des pages et sites qu'ils ont consultés. Pourquoi une demi-heure de recherche sur Internet n'a-t-elle laissé aucune trace sur leur intelligence ? *Tout simplement parce qu'ils ne voient pas la nécessité de mettre dans leur propre tête ce qui est déjà dans la machine.* Pourquoi, en effet, garderaient-ils en mémoire des informations qui sont là, disponibles, chacune prête à être activée à la demande de l'utilisateur ? À quoi bon se livrer au fastidieux labeur de les intégrer dans leur propre mémoire d'homme ?

Sans se laisser aller à la nostalgie des-temps-heureux-où-l'on-apprenait-par-cœur, on doit s'interroger sur les conséquences intellectuelles qu'induit l'apparente facilité à interroger les mémoires extérieures de ces machines qui prétendent nous proposer en vrac tout le savoir du monde. Méfions-nous que cette prétendue commodité d'accès à « toute la connaissance disponible » n'entraîne des habitudes de picorage ponctuel d'informations éphémères. Craignons surtout qu'elle ne dissuade les jeunes mémoires humaines de construire chacune patiemment ce réseau complexe et singulier de connaissances inter-reliées que certains nommeront « culture » et qui donne à l'analyse sa profondeur, à la réflexion sa continuité et à nos intelligences un socle commun.

Il faut que nous rappelions avec force que l'on ne comprend véritablement que ce que l'on a soi-même mémorisé. Seule son intégration dans notre mémoire singulière permet à une information d'y trouver sa juste place à l'intérieur d'une structure complexe où les savoirs patiemment engrangés se mêlent aux souvenirs d'événements et d'émotions singuliers enregistrés jour après jour. Une information n'est comprise – prise en soi – que parce qu'elle est intégrée dans le réseau mnémonique que chacun s'est fabriqué et qui n'appartient qu'à lui. Nos mémoires personnelles se nourrissent patiemment de savoirs partagés, reçus ou choisis. Chacun est actualisé par la situation particulière qui l'a porté en nous, chacun est animé par l'émotion originale qui a accompagné sa découverte et qui lui a donné un goût insolite. Notre mémoire a donc une double mission : nous relier les uns aux autres en partageant un patrimoine culturel commun et lui donner chacun une saveur singulière. Telle est la magie de notre mémoire humaine *: elle nous rassemble et elle nous distingue.* Chacun de nous place dans sa mémoire des savoirs et les connaissances que nous partageons avec les autres que nos souvenirs personnels colorent d'une façon particulière. C'est donc en cultivant notre mémoire que l'on construit à la fois notre singularité intellectuelle et notre appartenance à une communauté de culture et de savoirs. C'est ce subtil mélange, qui à la fois nous rattache aux autres et nous en différencie, que nous devons chacun transmettre à nos enfants : don intime et singulier, mais aussi clé de l'appartenance à une communauté de connaissances. Transmettre, ce n'est pas étaler des connaissances apparemment infinies et terriblement froides et inviter un enfant à aller les consulter ponctuellement pour les oublier aussitôt. Transmettre, c'est faire un tri, sélectionner ce que l'on veut conserver pour mieux agir, pour mieux comprendre. Transmettre, c'est passer à de jeunes intelligences des savoirs et des croyances reçus de nos pères dont nous avons nous-mêmes expérimenté la valeur en les frottant à des situations diverses et dont nos enfants auront à juger à leur tour la pertinence et l'utilité. Transmettre impose ainsi un engagement personnel fondé sur une mémoire assumée dans sa singularité *et* dans sa continuité patrimoniale. Se défausser de cette responsabilité sur l'apparente toute-puissance informative du Web serait un terrible renoncement.

Facebook, la peur de l'Autre

Plus de 100 milliards d'euros de valorisation ! Des monceaux de louanges pour son génial créateur ! Une infinie reconnaissance pour avoir contribué à chasser les dictateurs ! Facebook est devenu aujourd'hui une « vache sacrée », intouchable, inquestionnable. Mais mérite-t-il vraiment ces dithyrambes ? N'y a-t-il pas derrière ses apparentes vertus des promesses de dangers et de perversions ?

On n'entre pas dans Facebook, on y est recruté, ou plutôt aspiré par la promesse de n'y rencontrer que d'autres soi-même, ses amis, ses clones. On est entre soi, entre alter ego ; on se reconnaît, on se ressemble, même si le plus souvent cette connivence est totalement artificielle, décidée sur la base de questionnaires ineptes, en aucun cas construite par un dialogue curieux et exigeant. Tous des amis ! Partageant les mêmes goûts du paraître, la même soif de l'affichage, la même absence de discrétion et de pudeur. La distance spatiale n'est qu'un leurre cachant mal une promiscuité rassurante, une ressemblance factice. Sur ce réseau, il est devenu aujourd'hui quasiment honteux d'avoir moins d'une centaine d'amis. On y mesure son degré de popularité et même sa valeur personnelle en se fondant sur le nombre de ceux qui, d'un clic, se sont déclarés nos amis et qui, pour autant, ne verseraient pas une larme sur nos malheurs, ne nous tendraient pas la main dans la difficulté et ne se réjouiraient guère de nos succès. Cette « amitié décrétée », fondée sur la facilité et la complaisance, révèle finalement la peur de l'Autre ; peur de son regard, de sa parole et de son exigence ; peur d'être reconnu dans sa singularité. Or ce qui fait le propre de l'Homme, c'est qu'il n'est pas fait pour parler à un autre lui-même : celui qui pense comme lui, qui a vécu où il a vécu, qui croit au même dieu que lui. La relation vraie exige que l'on sache relever le défi de la distance ; devrais-je dire le « défi du barbare ». C'est ce qui nous permet de construire patiemment une relation honorable. Quand on ne sait sur l'autre que bien peu de choses et quand il en sait aussi peu sur nous et que l'on se lance pourtant ensemble dans la difficile aventure de la découverte en ignorant si ce que l'on découvrira nous plaira vraiment. L'autre est alors l'objet de tous nos désirs de comprendre et d'être compris. Pour relever ce défi, on devra utiliser les mots les plus précis, les structures syntaxiques les plus fermes. Pas étonnant que la langue de Facebook soit d'une insigne faiblesse puisqu'elle n'a à supporter que le ponctuel, l'immédiat et l'anecdotique. Sur le millier de comptes que nous avons analysés, le vocabulaire utilisé ne dépasse pas 500 mots, c'est-à-dire l'équivalent de celui que possède un enfant de cinq ans en relative difficulté de langage. La pauvreté et la trivialité de ces petits échanges entre amis sont la conséquence logique d'une situation qui, paradoxalement, efface la distance et gomme les différences, invitant à l'imprécision et au « cela va sans dire ».

Que se dire en effet au sein de cette intimité artificielle mais rassurante ? Ce que l'on fait *hic et nunc.* Ce que l'on ressent *hic et nunc.* Jamais, au grand jamais, ce que l'on pense ! Dans cette vitrine ouverte aux chalands, on expose donc sans pudeur ses états d'âme fluctuants et ses anecdotes quotidiennes. Ce réseau, qui n'a de social que le nom, est devenu le lieu d'une intimité immédiate et débridée qui n'a que faire de la retenue qu'impose la découverte respectueuse d'un autre. Tout dire tout de suite, livrer au jour le jour ses humeurs et ses cancans, telles sont les règles du jeu. On étale sans retenue les sentiments les plus personnels, les histoires les plus intimes. Et on finit par trouver naturel de livrer en pâture à des voyeurs anonymes les secrets que l'on ne murmurerait pas à notre plus proche confident.

L'usage massif de ces cercles d'exhibition rend caduque l'idée même de la réserve et de la réflexion nécessaires à tout échange intellectuel. Facebook a ainsi sur les apprentissages une influence perverse. Certains collégiens en sont venus à ne plus distinguer le « débondage » qu'autorisent ces lieux incertains de la retenue que requiert toute situation d'apprentissage. Apprendre d'un autre exige en effet que l'on marque au seuil de sa démarche un temps de suspension ; ce moment si particulier où l'on s'oublie soi-même pour ouvrir son intelligence sereine à la découverte d'idées et de connaissances qui nous viennent d'un autre. On apprend mal lorsque anecdotes et sentiments personnels submergent l'objectivité nécessaire à la compréhension des discours et des textes. Il y a dans tout acte d'apprentissage une pudeur indispensable qui contient l'irruption brutale de nos émotions et le déballage de notre vécu. Si bien des collégiens sont incapables de tenir leur moi intérieur à distance respectueuse des objets d'études, s'ils sont prompts à la brutale déclaration d'opinion, si l'anecdote ponctuelle vient polluer intempestivement le débat d'idées, c'est beaucoup sans doute parce que leur réseau favori les a convaincus que toute chose intime est bonne à dire en tout lieu et à tout moment, et que des intimités mêlées sont infiniment plus passionnantes que les paradigmes arides et froids des savoirs et des savoir-faire. Ainsi le papotage l'emporte-t-il souvent sur l'argumentation, la rumeur sur la construction prudente de la vérité et – chose plus inquiétante – la communion artificielle sur le dialogue exigeant.

Mais, me direz-vous, c'est Facebook qui a permis le succès des révolutions arabes ! C'est Facebook qui a mis à bas les dictatures en rassemblant les peuples en lutte pour la démocratie ! Sans doute, sans doute… Mais si ce réseau social a contribué fort efficacement à lancer des mots d'ordre et à appeler à des rassemblements, il n'a été en aucune façon un instrument de réflexion collective et de construction de propositions politiques. *Facebook, par sa nature même, s'est montré incapable de forger une intelligence politique collective.* Efficace dans la dénonciation légitime, ce réseau l'est beaucoup moins dans la fondation d'un avenir pérenne. Et une fois les dictateurs chassés, se sont levés les dangers tout aussi menaçants de l'obscurantisme et de l'intégrisme.

À plus de trois, on est une bande de cons !

La question que l'on doit se poser est la suivante : ces réseaux sociaux construisent-ils une intelligence collective digne de ce nom ? Pour tenter de répondre, nous prendrons deux exemples : d'une part l'encyclopédie collaborative Wikipedia, censée construire collectivement un savoir universel, et d'autre part l'entrée des réseaux sociaux dans l'entreprise visant à favoriser une communication plus horizontale.

Avec des ambitions tout à fait honorables, Wikipedia a conduit aux mêmes impasses que les réseaux sociaux généralistes. Cette encyclopédie collectivement construite repose sur l'idée séduisante selon laquelle on est plus fort ensemble que tout seul. L'affirmation n'est pas fausse lorsqu'il s'agit de soulever un tronc d'arbre qui barre un chemin ou de lutter contre un incendie de forêt, mais reste-t-elle vraie dès lors qu'il s'agit de construire du savoir ? Mesure-t-on la vérité au nombre de ceux qui se rallient à une théorie ? Valide-t-on une démonstration à la quantité des internautes qui se déclarent convaincus ? Certainement pas ! Le consensus n'assure en aucune façon la valeur d'une proposition dans quelque discipline que ce soit. Il n'en garantit ni la rigueur ni l'exhaustivité ni l'objectivité. Un consensus trop unanime devrait même nous rendre méfiants.

Ce que propose Wikipedia, c'est d'accumuler des visions individuelles, de juxtaposer des interprétations personnelles, toutes de valeur *a priori* identique, en comptant sur l'autorégulation pour faire émerger une vérité à la fois multiple et cohérente. *Wikipedia prône la fin du règne des experts, au profit de l'amalgame des amateurs déclarés.* Le résultat est pour le moins inégal, balançant entre consensus mou et inquiétante cacophonie. Sur certains sujets, on obtient un insipide résumé ou une synthèse que les plus médiocres « Que sais-je ? » n'oseraient présenter. Sur des questions plus problématiques, nous aurons droit à un empilage désordonné d'interprétations sans réels fondements, d'hypothèses parfois farfelues qui ne présentent le plus souvent que peu d'intérêt. Méfions-nous donc de ce discours démagogique qui veut nous faire croire que tout le monde peut dire des choses justes et originales sur n'importe quoi. Non ! Il est des domaines sur lesquels nous avons le plus grand intérêt à nous taire pour laisser la parole à ceux qui ont pris la peine d'aller chercher *au plus profond des textes originaux* le savoir qu'ensuite ils ont passé au filtre de leurs intelligences. Le risque majeur d'encyclopédies comme Wikipedia, c'est de nous dissuader d'aller à la source des connaissances pour nous contenter de la fade resucée des banalités dites par ceux qui ne lisent jamais Platon, Socrate, la Bible ou le Coran, mais qui ont l'audace d'en parler parce qu'ils ont lu ce que d'autres en ont dit, qui ont lu ce que d'autres en ont pensé… Wikipedia, c'est un savoir édulcoré de seconde main, prêt à être servi tiède lors du prochain dîner en ville. Ce n'est ni une référence fiable ni un lieu de discussion de qualité.

Après un réquisitoire sans doute sévère contre les réseaux sociaux, il me paraît juste de souligner leur réel intérêt au sein des entreprises. Les grandes entreprises notamment nous apparaissent en effet comme le seul lieu où l'installation des réseaux sociaux peut se révéler un facteur de cohésion et de créativité. Aujourd'hui, les plus fulgurants succès ne sont pas ceux d'entreprises gigantesques qui organisent leurs salariés en groupes hermétiques de métiers et de niveaux hiérarchiques et qui tentent de distinguer « publicitairement » des produits strictement identiques à ceux de leurs concurrents. Ce sont au contraire celles qui ont su proposer à leurs salariés et à leurs clients des espaces de liberté et de coopération. Si l'on vous demandait de citer la première entreprise informatique du monde, sans doute répondriez-vous : « IBM, Microsoft ou peut-être Oracle. » Eh bien, vous auriez tort ! La plus grande, la plus puissante, c'est Source Forge et sans doute ne la connaissez-vous pas. Elle est cependant forte de 180 000 projets, portés par 300 000 développeurs et 2 millions de collaborateurs dont l'immense majorité sont salariés d'entreprises traditionnelles. Pourquoi viennent-ils travailler bénévolement chez Source Forge ? Parce qu'ils ont le sentiment d'y être plus libres, plus visibles, plus estimés ; en un mot plus solidaires et plus heureux.

Dans une entreprise, un réseau social peut ainsi permettre de mettre en relation des individus que rien ne destinait à se rencontrer, à se parler, à agir ensemble. Il invite à une communication horizontale, plus libérée et donc grosse de sens et de projets originaux. Il offre à une entreprise la possibilité de marier les talents singuliers de chaque salarié à ses compétences professionnelles. Au contraire de Facebook, un réseau social peut, dans une entreprise, révéler chacun dans son intégrité : non pas réduit à un simple contrat de travail, non pas un simple numéro dans un organigramme. De façon complémentaire, le réseau social peut instituer les clients de l'entreprise comme membres d'une communauté non marchande dans laquelle ils interagissent et développent une créativité précieuse pour l'entreprise. Dans la crise actuelle, les entreprises qui se replieront frileusement dans la routine marchande et hiérarchique s'enliseront. Si elle veut sortir par le haut, une entreprise devra transformer en profondeur le paradigme de sa communication interne et externe : faire des salariés les constructeurs de la culture d'entreprise ; faire des clients les cocréateurs des produits et des services. En bref, faire passer clients et salariés du statut d'objets contractuels à celui de sujets-acteurs.

SMS, TWEETS et autres réductions de l'écriture et… de la pensée

Le langage SMS apparaît au cours des années quatre-vingt-dix. Un SMS, message entre téléphones portables, est limité à environ 160 caractères. En bref, il est construit pour occuper peu de place et prendre le moins de temps possible. C'est donc un langage réduit dans ses ambitions de communication et dans sa forme. Il combine plusieurs procédés pour raccourcir les phrases et les mots :

– L'abréviation : tt : tout, pr : pour, slt : salut, lgtps : longtemps, Bjr : bonjour, Bsr : bonsoir. Le mot reste lisible et compréhensible malgré la suppression de la plupart des voyelles et de certaines consonnes.

– La transcription phonétique : koi, jamè, grav, eske, kan ?, jenémar. Il faut prononcer les syllabes et lettres normalement pour reconstituer le mot d'origine.

– Le rébus typographique : 2m1 : demain, bi1 : bien, koi 2 9 : quoi de neuf, C pa 5pa : c'est pas sympa, D100 : descends, kestu X : qu'est-ce que tu crois ?, mr6 : merci, a12c4 : à un de ces quatre.

– La valeur appellative des lettres, des chiffres et des caractères : G la N : j'ai la haine, JT'M. : je t'aime, C : c'est, NRV : énervé, OQP : occupé, SQZ : excuse-moi !

– Les sigles : ASV ? Âge, sexe, ville ?, MDR : mort de rire.

– L'anglais : ASAP : *as soon as possible* = dès que possible, CU : *see you* ! (à plus tard), LOL : *loud of laughing* = mort de rire.

Que penser de cette façon bien particulière de communiquer par écrit ? Le langage SMS est-il nuisible ? Peut-il mettre en péril la maîtrise de l'orthographe par les jeunes ou, plus largement, met-il en danger la « préservation » de la langue ? La question est souvent posée de manière polémique et les avis opposés s'affrontent pour dénoncer – parfois de manière un peu caricaturale – ce mode de communication. On le considère tantôt comme une chance permettant aux jeunes de se réconcilier avec l'écriture – « Ils n'ont jamais autant écrit… ». Tantôt, au contraire, on le dénonce comme une menace, pour la norme que les jeunes peinent à apprendre et dont ils s'éloignent largement quand ils s'adonnent au « langage SMS ».

Quelle langue utilise-t-on dans ces SMS ? Qu'est au juste cette langue en termes non pas de forme mais de vocabulaire, de grammaire et d'efficacité de communication ? Contrairement à ce que certains démagogues laissent entendre en vantant son expressivité décapante et sa puissance créatrice, il s'agit en fait d'une langue réduite dans ses ambitions et dans ses moyens. Sur 8 500 SMS, on compte : entre 250 et 300 mots utilisés ; une moyenne de 2,5 mots par phrase ; bien sûr pratiquement aucun connecteur (car, de fait, parce que, etc.) et très peu d'indicateurs de temps (plus tard, bientôt, etc.).

Les mécanismes qui conduisent à ce « rétrécissement » sont assez simples à décrire. Il s'agit de ce que l'on appelle le phénomène d'« économie linguistique ». Le terme « économie » ne signifiant pas ici « faire des économies », mais « ajuster ses dépenses linguistiques aux exigences d'une situation spécifique de communication ». Disons d'abord que plus de 93 % des SMS sont échangés entre des personnes qui se connaissent depuis plus d'un an. Or, plus on connaît quelqu'un, plus on a de choses en commun avec lui et moins on aura besoin de mots pour communiquer ensemble. En bref, si je m'adresse à un individu qui vit comme moi, qui a le même âge que moi, qui a les mêmes centres d'intérêt, les mêmes goûts et les mêmes dégoûts, cela « ira sans dire » ou plutôt sans écrire ou si peu. On n'aura pas besoin de mettre en mots précis et soigneusement organisés sa pensée parce que ceux qui communiquent par SMS partagent tellement de choses que l'imprécision devient la règle d'un jeu linguistique socialement réduit. La communication par SMS s'effectue donc dans un tel degré de proximité et de connivence que cette écriture « à demi-mot » semble suffire au besoin de la communication. Si le langage des SMS fonctionne, il ne fonctionne que dans des limites étroites : il a été forgé dans et pour un contexte de communication rétréci où la connivence compense l'imprécision des messages. Et dans ce cadre, il est parfait ! Cependant, si la réduction des phrases n'empêche pas la communication dans un cercle intime, amical ou familial, *cela devient un tout autre défi d'écrire explicitement à des gens que l'on ne connaît pas des choses qu'ils ne savent pas à l'avance.* Un vocabulaire exsangue et une organisation approximative des phrases ne donnent pas la moindre chance de le relever. Certes émergent des SMS des innovations souvent intéressantes et parfois surprenantes. Et si tous ces jeunes possédaient à côté de l'écriture SMS une réelle capacité de mettre en mots leur pensée avec précision et rigueur, alors nous pourrions tous nous réjouir de la création d'une variante particulière de l'écriture française. Mais malheureusement pour la plupart d'entre eux et notamment les moins favorisés, ils n'écrivent pas de lettres et ne rédigent pas de textes. Ces innovations pseudo-modernes ne s'ajoutent pas, comme une cerise sur un gâteau, à une écriture élaborée partagée avec toute la communauté. L'écriture SMS constitue pour beaucoup des jeunes usagers *leur seul usage de l'écriture*. Messages de la communion plutôt que de la communication, messages de la ressemblance plutôt que de la différence, messages de l'image plus que du concept, les SMS condamnent *ceux dont ils constituent le seul instrument d'écriture* à renoncer à mettre en mots écrits leur propre pensée à l'intention de ceux qui ne partagent pas leurs usages, leurs habitudes ou leurs croyances. Le langage SMS renforce l'entre-soi et semble donc plus un facteur excluant et enfermant, qu'une source contemporaine d'intégration, de création et d'ouverture.

Plus récemment nous est arrivé, ultime cadeau de la modernité triomphante, Twitter, un outil de microblogage qui permet à un utilisateur d'envoyer gratuitement de brefs messages, appelés *tweets* (« gazouillis »), limités à 140 caractères. La promesse d'origine de Twitter était : « *What are you doing ?* » Il se définissait donc comme un service permettant de raconter ce qu'on fait au moment où on le fait. Cette fonction fut complétée par « *What's happening ?* » (« Quoi de neuf ? » ou encore « Que se passe-t-il ? » dans la version française). Dans l'un et l'autre cas on reste enchaîné au *hic* et *nunc* : « Qu'est-ce que je fais *ici et maintenant* ? », « Qu'est-ce qui se passe *ici et maintenant* ? » Or, n'oublions pas que les hommes ont justement inventé l'écriture pour dépasser les contraintes du temps et de l'espace, en ouvrant les paradigmes du futur, du passé et de l'ailleurs, mais aussi du toujours et du partout. Notre écriture qui élève l'homme au-dessus de sa condition animale se trouve ainsi réduite à son usage le plus élémentaire en étant privée de son pouvoir de libération.

Et bien sûr, dans ce monde de paresse, ce fut un immense succès ! Puisque des centaines de millions d'utilisateurs ont adopté Twitter en quelques années. Alors, me direz-vous : « C'est chose formidable que tant de gens se mettent à écrire, qui peut-être, pour la plupart, n'auraient jamais mis en mots leurs pensées. » Certes, certes ! À la seule condition que pensée il y ait. Or, dans la plupart de ces Tweets, le contenu est d'une infinie banalité, l'absence d'organisation exclut toute argumentation et l'ambition de communication est strictement limitée à l'immédiat et à la proximité. Annonce d'un événement, réaction épidermique à une opinion, aphorisme éculé ou assertions non contrôlées, voici ce que colportent ces « gazouillis » qui portent si bien leurs noms : *les premiers sons peu articulés et inorganisés des tout petits enfants.* Régression, pensera-t-on… ! Non, renoncement à mettre en mots justes et précis une pensée à la fois audacieuse et contrôlée. Aucune chance de dialoguer, de réfuter, de discuter ; vous n'avez que le droit de suivre ou – ô bonheur ! – de transférer un Tweet vers d'autres. En bref, vous êtes autorisé à adhérer à des informations la plupart du temps sans intérêt, à épouser des querelles de bas étage et à faire gonfler les rumeurs les plus infondées.

Alors pourquoi tant d'humains lisent-ils ces inepties ? Pourquoi des millions de gens s'abonnent-ils aux Tweets de Justin Bieber, Lady Gaga, Nabila ou David Guetta, et loin derrière à ceux de Sarkozy ou de Hollande qui ne sont évidemment pas écrits par eux mais par des équipes de « nègres » dévoués. Pour trois raisons : la vacuité absolue de sens qui ne sollicite pas la réflexion du scripteur, ni ne fatigue l'esprit du lecteur ; l'impression fallacieuse de partager une parcelle de la notoriété de ces people ou politiques et… l'espoir, vain bien sûr, de décrocher un jour le jackpot en étant à son tour celui que des millions de gens vont décider de suivre. Ne rêvez pas ! Vous avez autant de chances d'être suivi par des millions de followers que de gagner le gros lot au Loto. Car ce n'est pas ce que vous écrivez qui compte, c'est « Qui » l'a écrit. La valeur d'un Tweet dépend strictement de la notoriété de celui qui l'a produit et cette notoriété, vous n'êtes autorisé qu'à la célébrer, en aucun cas à la partager et encore moins à la contester.

Les politiques : à force de nous prendre pour des cons, nous avons fini par les croire

La tentation du populisme

Aujourd'hui, ce qui démotive, décourage une part considérable de nos concitoyens et les détourne de l'engagement politique, c'est la conviction qu'ils n'ont aucune influence réelle sur leur environnement, non plus que sur leur propre destin social. Beaucoup sont persuadés que l'ascenseur social est définitivement en panne, que l'école n'est plus qu'une machine à assurer la reproduction sociale et que seuls le clientélisme et les relations peuvent encore promettre une chance de promotion. Ils pensent souvent que changer leurs vies est hors de leur pouvoir et que toute forme de représentativité est un piège. Il nous faut malheureusement avouer que nous avons tous peu à peu perdu la volonté de confronter avec lucidité nos idées respectives, de mutualiser nos talents, de nous engager dans l'action collective afin d'agir pacifiquement sur le monde. Or ce sont ces vertus qui fondent une identité nationale forte et dynamique capable de transcender nos différences. Face à ce désenchantement, l'action des hommes ou des femmes politiques s'est de plus en plus réduite à camoufler les injustices, à maquiller les inégalités tout en acceptant la fatalité du déterminisme social. À droite comme à gauche, tous disent leur volonté de *« libérer les énergies »*, alors même qu'en réalité, obsédés par le bricolage de leur propre image et uniquement préoccupés par la conservation du pouvoir, ils n'ont pour le peuple qu'indifférence et mépris.

Lorsqu'un homme ou une femme politique s'adresse à ses électeurs, ce devrait être pour manifester sa volonté de parler d'abord à ceux qui ne pensent pas comme lui (ou elle), qui ne partagent pas nécessairement ses convictions et aussi pour leur donner la parole. Bien au contraire, « le staff de com » des ministres et présidents a pour tâche essentielle de rassembler artificiellement un public partisan prêt à applaudir aux envolées mille fois répétées, à rire aux plaisanteries éculées, à huer le nom honni de l'adversaire. En politique plus qu'ailleurs, la langue n'est pas faite pour qu'un responsable ne s'adresse qu'à ceux qui pensent comme lui pour leur dire des choses qu'ils savent déjà ou du moins avec lesquelles ils sont censés être d'accord. Le dialogue politique devrait répondre à un problème majeur qui coupe de plus en plus le peuple de la vie politique : le *désengagement.* Rares sont les responsables qui tentent de donner à tous les moyens de prendre en main leurs vies en allant au bout de leurs ambitions et de leurs idées. Ils font semblant de leur ouvrir des voies d'engagement, ils leur font miroiter de fausses perspectives d'action, ils feignent d'écouter leurs propositions, mais en réalité nous savons tous que rien ne sera pris en compte. Le discours, le plus souvent fabriqué, des « vraies gens », comme aiment à les appeler nos hommes politiques, ne sert qu'à cautionner des promesses (jamais tenues) préparées bien longtemps à l'avance. Deux exemples entre mille autres qui fonctionnent sur un même paralogisme consistant à tirer une vérité générale d'un constat ponctuel ou d'un fait unique : « J'étais hier dans une boulangerie et une cliente se plaignait d'avoir été agressée par deux jeunes Maghrébins. Vous voyez bien que la délinquance monte… nous mettrons en place une action décisive contre la délinquance et contre l'immigration. » « Dans ma circonscription la semaine dernière, un retraité m'a montré sa feuille de pension : 364 euros. Vous croyez qu'on peut vivre avec ça ? Ce gouvernement nous affame, nous ferons en sorte que cela change radicalement ! » Il s'agit là d'une forme de manipulation dangereuse et inacceptable, largement utilisée par les responsables politiques, mais aussi par des gourous sectaires. Qu'est-ce qui permet en effet de dire que la délinquance augmente et qu'elle est due à une immigration mal maîtrisée sur la foi d'un seul témoignage ? Ce qu'affirme comme vrai et définitif un responsable politique ne devrait en aucun cas s'appuyer sur un simple événement rapporté par une seule personne et pourtant c'est à ce genre de manipulation que nous sommes sans cesse confrontés.

Syntaxe et rhétorique au service de l'enfumage politique

La langue permet d'exhiber tout comme elle permet de *dissimuler*. Elle donne le pouvoir de fournir certaines informations et d'en cacher d'autres. Le discours politique plus que tout autre discours devrait ouvrir toutes les portes par lesquelles l'intelligence du peuple pourrait s'immiscer pour bousculer des certitudes et déranger l'ordre établi. Ces portes, je les appellerais volontiers « les portes de la réfutation ». Elles devraient inciter à la discussion et à la critique. Bien au contraire, les responsables politiques utilisent certains mécanismes de la grammaire pour interdire tout questionnement et toute réfutation, bafouant ainsi la langue dans ce qu'elle a de plus noble : l'appel au dialogue exigeant. Ainsi, l'analyse des discours politiques révèle qu'il y a deux fois plus de tournures passives (« des millions ont été détournés ») que dans une conversation normale ; trois fois plus de nominalisations (« les malversations ont coûté des milliards ») et cinq fois moins de compléments circonstanciels (« nombreux sont les exemples où les impôts locaux ont plus que doublé »). Jugez plutôt :

Ancien ministre de l'Environnement (1999) : « *La construction* de ce barrage fut sans doute *une erreur.* » Qui a construit ce barrage ? Quand le fut-il ? Qui a commis l'erreur ? Voilà autant de questions que vous n'aurez même pas l'idée de poser !

Ancien ministre de l'Intérieur (2002) : « On ne peut nier une forme de *collusion entre certains élus et certains groupes.* » Quelle est cette collusion ? Quels sont ces élus et ces groupes ? Où cela s'est-il passé ? Ces questions n'ont aucune chance de trouver leurs réponses !

Ancien ministre de l'Économie (2007) : « Les Français doivent savoir que *les engagements pris seront tenus.* » Qui s'est engagé ? À quoi ? Quand seront-ils tenus ? Et par qui ? Autant d'interrogations déplacées !

Ministre de l'Éducation (2012) : « Tous les efforts *seront faits* pour que la *démocratisation* de l'école devienne une réalité. » De quels efforts s'agit-il ? Par qui seront-ils faits ? Et quand ? Qu'est-ce qu'on entend par démocratisation ? Vous n'aurez sans doute pas le mauvais esprit d'interroger ainsi le ministre !

En examinant de près ces quatre exemples, on s'aperçoit que trois procédés grammaticaux sont à l'œuvre. Chacun permet de produire une phrase complète et correcte tout en évitant soigneusement de *dévoiler qui fait quoi, où et quand.* En d'autres termes, nous avons là trois moyens linguistiques permettant d'éluder toute interrogation et toute velléité de vérification.

Au premier rang, vient ce que l'on appelle la « nominalisation », c'est-à-dire le fait de fabriquer un nom à partir d'un verbe. Ainsi, si la ministre de l'Environnement avait utilisé le verbe « construire », elle eût été obligée de donner à ce verbe un sujet et de dévoiler ainsi qui avait construit ce barrage ; alors que le nom « construction » n'impose pas de mentionner l'identité du responsable.

L'utilisation de la voix passive va exactement dans le même sens ; elle permet de ne pas désigner le responsable d'une action, car contrairement au sujet du verbe actif, le complément d'agent du verbe passif n'est pas obligatoire. Ainsi, quand le ministre de l'Économie dit que « les engagements seront tenus », le passif permet d'éviter de spécifier qui les tiendra ; de même que son collègue de l'Éducation évite, grâce au même procédé, de nous annoncer qui fera les efforts nécessaires à la démocratisation de l'école.

Enfin, tous les extraits présentés ci-dessus montrent l'exclusion systématique des compléments circonstanciels de lieu, de temps, de manière ou de cause. Cet effacement volontaire de la circonstance produit deux effets : le premier est de dissuader toute tentative de vérification (Était-ce bien là ? Était-ce bien à ce moment-là ?) ; le second est de donner à la phrase une valeur de vérité générale difficilement contestable.

Pour donner plus de force encore à la dissimulation et au faux-semblant, nos hommes politiques, droite et gauche confondues, vont emprunter à la rhétorique des figures qui les servent. Qu'ils en ignorent l'art de la construction, qu'ils n'en aient aucune référence littéraire, peu importe, pourvu qu'elles cachent sous un maquillage oratoire la médiocrité et la confusion des idées. De la métaphore qui donne l'illusion du concret (boîte à outils, Kärcher…) à l'anaphore se répétant *ad nauseam* (« moi président… », « pourquoi tant de haine… »), on voit ainsi ces hommes sans grandes convictions dissimuler sous le fard d'une rhétorique de bazar leurs fausses promesses et leurs mensonges. Comme nous sommes loin de ce que disait Cicéron du discours politique et de la rhétorique :

« *Certainement rien […] ne me semble plus beau que de pouvoir, par la parole, retenir l'attention des hommes assemblés, séduire les intelligences, entraîner les volontés, vers le bien. C'est le fait de l'art par excellence, de celui qui, chez les peuples libres, surtout dans les cités pacifiées et tranquilles, a toujours été l'art florissant, l'art dominateur* » (Cicéron, *De l'orateur*, I, VIII, 30-31).

Mais, il faut convenir que les journalistes eux-mêmes, par leur passivité et leur complaisance, se font aussi complices de cette manipulation. J'irai même jusqu'à dire qu'ils encouragent ces comportements en renonçant à exercer courageusement leur droit de réfutation : si un responsable ne fait pas mention du temps et du lieu, un journaliste digne de ce nom doit exiger ces précisions ! Si un élu dissimule grammaticalement le responsable d'une action, l'intervieweur doit refuser ce subterfuge ! Si la figure de style ne fait que cacher l'absence d'argumentation, démasquez donc la supercherie. Comment admettre qu'un journaliste digne de ce nom accepte qu'un homme politique lui rétorque systématiquement : « Avant de répondre à votre question, je voudrais dire... » ; enchaînant alors sur un exposé *pro domo* qui élude la question posée. Rappelez-vous Georges Marchais disant à Elkabbach : « Vous avez vos questions, moi j'ai mes réponses... ! » Rien n'a vraiment changé depuis les années soixante.

Il faut bien constater qu'en un temps où certains hommes politiques, suivant les conseils de leurs « coachs en com », s'enorgueillissent de n'utiliser que quelques centaines de mots lorsqu'ils s'adressent au « peuple », on peut, au-delà du mépris que cela révèle, mettre en doute leur réel engagement à préserver et renforcer le lien social. Lorsqu'on limite l'ambition de la communication en niant l'intelligence de ses électeurs et en restreignant l'étendue des sujets de réflexion, on condamne le langage à la répétition (ah ! ce culte de l'anaphore...) de généralités et de banalités. Les mots alors perdent du poids pour n'être plus que des *ectoplasmes sémantiques*, les conventions grammaticales se relâchent pour laisser place à la seule juxtaposition ; la cohérence logique et chronologique se défait interdisant le témoignage, l'argumentation et l'analyse. Le « comme-tout-le-monde-le-sait » rejoint le « comme-vous-le-voyez », et la langue se retrouve prise au piège de l'immédiat et du bien entendu !

Les Français n'attendent pas des femmes et des hommes politiques qu'ils singent un langage qu'ils croient populaire ou qu'ils tentent maladroitement d'emprunter les figures de style les plus éculécs. Ils savent détecter toute la démagogie et tout le mépris que révèlent des choix linguistiques réduits, censés être adaptés à leur niveau supposé. Ils savent reconnaître les ficelles d'un discours qui tente d'imposer une familiarité et une émotion artificielles. Sans contenu sérieux, sans ambition argumentative ni explicative, le discours politique est ainsi aujourd'hui devenu populiste. La vacuité du contenu ne saurait être compensée par des ficelles oratoires utilisées jusqu'à plus soif : l'anaphore est devenue triste répétition, la métaphore une image publicitaire ternie. Seules restent la gesticulation et, au détour d'une confrontation, l'éructation ou l'insulte. Oublieux des convenances, obsédé par le besoin d'exister à n'importe quel prix, l'homme politique, incapable de mettre en mots sereins une réflexion assumée, n'a plus alors que ses émotions à mettre sur la table. Entre anaphores bidon et anathèmes mal maîtrisés, l'homme politique donne un bien triste exemple de l'usage du verbe.

Parlez donc à ceux qui ne vous aiment pas !

Aujourd'hui, le discours politique balance donc entre papotage et anathème, alors que cette parole devrait s'inscrire dans un dialogue exigeant sans s'y pervertir. Elle devrait manifester la volonté des responsables de s'adresser à ceux qui ne pensent pas comme eux, qui n'ont pas les mêmes convictions, ni pour les séduire, ni pour les exclure mais pour se comprendre et pour mieux s'opposer. La paix (et non la complaisance) ne peut se faire qu'entre des partenaires qui ont de la langue une conception commune : *elle n'efface pas la haine, elle n'affaiblit pas les oppositions, mais elle en rend les causes audibles pour l'un et l'autre* ; elle ouvre ainsi à chacun le territoire de l'autre. Reconnaître l'ennemi comme digne de sa parole, quel que soit le désir de vengeance ; le reconnaître comme digne d'accéder à son intelligence, quelle que soit la ténacité de la rancœur. Tel est le pouvoir de paix dont vous devez investir la parole politique, si vous voulez repousser la tentation délicieuse de la guerre. Mais ce dépassement, ce franchissement, seule une langue forte et précise peut vous l'autoriser ; car pour s'adresser à ceux qui ne vous ressemblent pas, pour vous faire comprendre de ceux que vous n'aimez pas et qui vous le rendent bien, il vous faudra mobiliser les mots les plus justes, les arguments les mieux ciselés. Ce n'est pas avec les malheureux 400 mots de vocabulaire auxquels vous limitez volontairement vos discours que vous, politiques de droite comme de gauche, vous dépassez les clivages. Chaque fois que par lâcheté, paresse ou complaisance, vous contribuez à l'affaiblissement de notre langue, vous rétrécissez notre horizon de parole et de pensée.

Rappelons-nous le geste historique d'Anouar el-Sadate. Il se déplaça sur le territoire de ses adversaires, contre l'avis de ses partisans. Lorsqu'il s'adressa à la Knesset, ce ne fut pas pour se justifier, ce ne fut pas pour accuser et maudire, ce fut pour tenter d'être compris au plus juste de ses intentions. Il eut à affronter des députés israéliens qui ne l'aimaient pas et il leur parla en mettant tous ses espoirs dans une langue qui portait une pensée sans complaisance mais sans haine. S'il paya de sa vie cet acte courageux, c'est parce que ses meurtriers avaient compris qu'il utilisait l'arme suprême qui risquait de mettre en péril le jeu vicieux de meurtre et de vengeance qui leur convenait si bien.

En tuant Sadate, ce fut la puissance pacifique de la langue que l'on anéantit, car Sadate affirmait sa foi dans la vertu du verbe, non pas à effacer les oppositions, mais à les rendre audibles à tous ceux dont elles animent la haine. S'il utilisa l'arabe pour parler aux Israéliens afin d'affirmer le plus justement ses réflexions et ses propositions, il accepta en retour qu'on lui répondît en hébreu. Marquant ainsi qu'au-delà des clivages linguistiques, c'était le verbe humain qui donnait à tous une chance de communiquer.

Où sont les hommes d'État capables de confier à une langue juste et rigoureuse le soin de porter au plus loin d'eux-mêmes une pensée d'ouverture et d'exigence avec fermeté, rigueur et obsession du sens ? Ce n'est pas tant le doute sur la pertinence de ce qu'on leur dit qui motive le désamour de nos concitoyens pour la politique ; c'est bien plus le vide terrifiant d'une pensée politique sans profondeur et sans perspective et d'une parole qui balance entre le consensus et l'anathème, entre l'euphémisme et l'outrance qui les désespère et les humilie.

La confusion entre temps historique et mandat politique

Pourquoi tant de projets, parfois pertinents, très tôt avortés ? Pourquoi tant d'annonces suivies de si peu d'effet ? Pourquoi a-t-on le sentiment que sur notre théâtre d'ombres se succèdent des illusionnistes qui font leurs tristes numéros avant de s'effacer ? Cynisme ? Incompétence ? En fait, ce que tous ces ministres et leurs conseillers partagent, notamment dans le domaine de l'Éducation nationale, c'est une incapacité totale de se plier au temps spécifique sur lequel se construit l'histoire de notre pays. Ils ne vivent que dans les limites du temps de leur mandat ; un temps souvent très court et dont la durée est aléatoire. Ils font tous la même erreur : ils ont la vanité de penser qu'ils vont pouvoir afficher, pendant qu'ils sont aux responsabilités, les effets tangibles que leurs décisions auront provoqués. Alors que le simple bon sens devrait leur faire comprendre que les changements qui comptent en matière d'éducation et de culture s'inscrivent sur plusieurs générations. Ils sont bien trop avides de faire voir et de se faire voir. Quel est le ministre qui osera investir des moyens humains et financiers importants dans une action discrète dont les fruits ne mûriront que dans des années et que savoureront peut-être d'autres ministres de l'opposition ? Combien de fois me suis-je entendu rétorquer, alors que je faisais, à un directeur de cabinet trop zélé, des propositions qui me paraissaient essentielles pour l'avenir : « Trop long, trop long ; nous n'avons pas le temps d'attendre ! »

Lorsque l'on accepte des responsabilités dans la conduite de l'action politique, à quelque niveau que ce soit, il faudrait être capable de s'oublier soi-même ; d'accepter le caractère éphémère de sa fonction ; d'accepter le caractère limité de sa propre vie ; se dire : « Je ne verrai peut-être pas, ni en tant que ministre, ni peut-être en tant qu'être humain, les effets de mes décisions, et c'est très bien comme cela ! » Croire que, dans le domaine de l'éducation notamment, il est possible de décréter le changement de manière immédiate est pire qu'une bêtise, c'est une faute. La transformation de l'école pour traiter plus équitablement tous ses élèves ne se décrète pas ; elle se construit, petite pierre après petite pierre. La démocratisation de l'éducation se gagne, petite avancée après petite avancée, et non pas en décrétant un taux de réussite au baccalauréat pour la prochaine session. Mais pourquoi dans ce monde, où seule compte l'image, où l'on ne voit pas plus loin que le journal télévisé du soir, les ministres auraient, eux, la sagesse et l'humilité de vouloir que des enfants bénéficient de leurs efforts alors qu'eux-mêmes ne seront plus… ministres ?

Les grandes messes laïques : la parodie d'une démocratie participative

Quel(le) ministre ne s'est pas offert le plaisir d'organiser ces grand-messes laïques qui sont censées ouvrir chaque fois une ère nouvelle ? C'est notamment dans le domaine de l'éducation que l'on a régulièrement ces séances d'« enfumage public » : assises de l'éducation, états généraux de la lecture, grand débat, concertation lycéenne et, pour finir, tout récemment, la refondation de l'école. J'en analyse deux auxquelles j'ai eu l'insigne honneur d'être associé.

En 1998, j'ai eu la vanité d'accepter de participer à l'organisation de ce que Ségolène Royal avait appelé « Les états généraux de la lecture et des langages ». Je pris donc la tête d'une équipe restreinte qui, deux semaines plus tard, se transformait en armée mexicaine par l'arrivée des représentants de tous les secteurs de l'administration centrale. Du séminaire de travail, nous sommes passés à la mise en œuvre d'un grand spectacle que la ville de Nantes accueillit. Plus de mille enseignants furent déplacés pendant trois jours ; un bureau de conseil en communication fut engagé à grands frais ; les chroniqueurs les plus connus de la télévision furent mobilisés pour animer les débats. Le résultat fut pitoyable : aucune cohérence dans des communications dont les auteurs avaient été choisis au hasard des dîners en ville de la ministre, des tables rondes dignes du café du commerce, une conclusion d'une banalité consternante sans la moindre perspective concrète. Mais toutes les télévisions étaient là ; toute la France sut ainsi que Madame *la* Ministre avait organisé une manifestation majeure, propre à changer le destin des enfants de ce pays. Et finalement, c'était bien là le but unique de cette opération extrêmement coûteuse : mettre en spectacle la volonté ministérielle de mobiliser ses troupes pour engager l'ultime bataille contre l'illettrisme. Cette manifestation, encore une fois fort onéreuse, n'eut strictement aucune suite. Lorsque je m'en suis inquiété quelques mois plus tard, on me répondit que l'on s'employait déjà à organiser un événement analogue, mais cette fois au plan européen…

Que dire aujourd'hui de la toute récente « refondation de l'école », sinon qu'elle s'inscrit dans cette lignée d'opérations qui associent démagogie et mégalomanie. Tout l'été 2012 fut utilisé pour réunir une quantité de commissions menées à la baguette par quelques commissaires politiques appuyés par des leaders syndicaux avec, pour faire nombre, quelques enseignants et experts soigneusement triés sur le volet. L'idée était d'aller à marche forcée vers la rédaction à l'automne d'une loi sur l'école qui réglerait, *une fois pour toutes*, la totalité des maux de l'éducation. Après avoir participé à quelques commissions de travail, je me suis vite aperçu que nous n'étions là que pour faire nombre, pour cautionner des décisions prises d'avance par les responsables ministériels et les leaders syndicaux. La moindre proposition déviant de la ligne officielle était immédiatement repoussée à grand renfort de huées. Illusion encore et toujours que la démocratisation du système éducatif pourrait se décréter par circulaire ou loi en un tournemain. Quinze mois après le vote de cette loi *définitive* sur l'école, qu'en est-il ressorti ? Rien ! Ou si peu de chose… Une tentative de modification des temps scolaires, largement boycottée par les communes et – ô surprise – par les syndicats ; la création des Écoles supérieures d'éducation qui ont pris la suite fidèle des IUFM ; la mise en place d'une formation des maîtres à distance qui n'a aucune réalité sur le terrain ; l'annonce d'une réforme des programmes régulièrement repoussée. Une seule décision prometteuse – le rattachement de la 6e au primaire – n'a eu aucune traduction concrète et, de toute évidence, n'en aura pas.

En bref, ce grand cirque de la refondation est un parfait exemple de fausse démocratie directe. Affichage, agitation, discours enflammé d'un ministre brillant pour un résultat pitoyable ! Les manifestations de ce genre constituent d'abord un gaspillage inutile, mais surtout elles découragent tous ceux à qui il reste encore un peu de foi pédagogique. Nos maîtres d'école ont le sentiment justifié que l'on se sert d'eux pour fabriquer l'image du ministre ; ils se rendent compte qu'ils sont en fait des figurants représentant le « terrain » dans un événement dont les enjeux les dépassent totalement. *Ils se disent alors avec raison qu'on ne les y reprendra plus.*

À chaque élection on dilapide des fortunes en réseaux sociaux bidon

« Si vous voulez être élu, il vous faut un réseau social ! Regardez donc Obama… ! » disent tous ces directeurs de campagne médiocres qui font dépenser des centaines de milliers d'euros pour des gadgets numériques sans aucune efficacité de dialogue et de partage et que l'on s'empressera de fermer dès que l'élection aura pris fin. Et pourtant, l'exemple des campagnes de Barack Obama n'est pas sans intérêt. Le concept sur lequel ont été construits ses réseaux sociaux[3] s'exprimait par un mot anglais qu'il avait mis au cœur de ses actions de communication : *empowerment.* Nous dirions en français de façon moins ramassée : « donner à chacun le pouvoir de s'exprimer et d'agir ». La construction de ces réseaux visait donc à répondre à un problème majeur qui coupe de plus en plus le peuple de la vie politique : le *désengagement.* L'idée d'Obama était que le politique devait ainsi tenter de donner plus d'autonomie et plus de pouvoir aux citoyens en misant autant sur la responsabilité individuelle que sur l'intelligence collective. C'était là le sens du mot *empowerment*, concept qui a largement contribué aux victoires éclatantes de Barack Obama. Son réseau social qui rassembla des millions de citoyens américains révéla une volonté de *faire de la politique d'une autre façon* : à la fois manifester clairement les convictions politiques personnelles d'Obama et donner aussi aux citoyens les moyens de se faire entendre et d'agir.

3. Notamment ceux de la première campagne.

En France, à gauche comme à droite on ne retint que le fait qu'un réseau social était une sorte d'instrument magique assurant la victoire éléctorale. Nos politiques et leurs conseillers éblouis et bornés crurent qu'il suffisait de ficeler à la hâte un site collaboratif pour que le succès leur soit acquis. Et chacun y alla de son réseau social; tous égaux dans une médiocrité partagée de contenus et de forme. Cela se traduisit parfois par des forums chaotiques dans lesquels invectives et banalités se succédaient, bouillie pitoyable de « démocratie participative »; parfois par des sites plus personnalisés où la parole du chef tombait d'en haut dans l'espoir illusoire de convaincre et de rassembler son troupeau de militants. Lorsque l'on examine les réseaux sociaux politiques qui ont été mis en place en France lors des dernières élections, on constate qu'ils sont d'une part excessivement onéreux et d'autre part des caricatures de celui qu'ils ont pris pour modèle. Ils ont tous abouti à deux impasses: la *cacophonie* ou le *consensus*. Dans l'un et l'autre cas, c'est l'infinie faiblesse des propositions et des objectifs, c'est la terrible vacuité et la pitoyable confusion du discours politique qui a conduit à l'échec. Un réseau social ne produit que du bruit désordonné ou un silence sidérant quand aucun repère, aucun défi, aucune ambition n'est clairement proposé aux participants. Ils sont alors des coquilles vides, des caisses sans résonance. Ces sites, fabriqués à grands frais à l'occasion de chaque élection, sont les symboles de l'incapacité de notre monde politique à ouvrir un dialogue qui dépasse le trivial, qui transcende les clivages, qui unit les intelligences. Le but des candidats n'est en aucune façon de concevoir un espace d'expression horizontale, de dialogue fertile et de liberté de pensée; chacun veut simplement avoir son réseau social à lui, le montrer comme on exhibe un gadget et espérer se donner ainsi une image de modernité et de jeunesse. On *tweet* à tout va, on a sa page Facebook et des centaines d'amis, on tombe la veste, on se laisse pousser un soupçon de barbe et le plus parfait cynique, le plus triste imbécile devient pour quelques mois le nouveau messie politique.

Le temps des confusions : le grand maquillage

De l'euphémisme à l'enfumage

Le mot « euphémisme » vient du grec *eu* qui signifie « bien » et de *phêmê*, « parole », c'est-à-dire « emploi d'un mot favorable ». L'euphémisme est un adoucissement, une atténuation d'une vérité certes pénible, cruelle ou agressive mais une vérité. C'est aujourd'hui un des procédés les plus utilisés, non pas seulement par les hommes politiques pour « faire passer une pilule » un peu amère, mais par nous tous de peur qu'une parole claire et précise ne puisse entraîner un retour d'argument voire générer une gêne, un embarras que l'on veut éviter. Parler juste, utiliser des mots précis, risquerait de nous obliger à regarder l'Autre en face, à tomber le masque, à assumer les réactions à des propos parfois dérangeants. « Euphémiser », c'est donc farder ses mots, en arrondir les angles, en atténuer les aspérités et éviter ainsi le questionnement et la discussion. *Nous vivons un temps où le langage balance entre enrobage sucré et insulte banalisée.* Ce balancement systématique qui a effacé peu à peu la « disputation » digne et exigeante a fait de la douceur du propos un écœurement et de l'invective une habitude. À ce régime-là nous atteindrons sous peu le degré zéro du verbe.

C'est ainsi que l'on peut interpréter l'utilisation systématique de « un petit peu », « un peu », « comme j'ai dit » ou « comme il a dit, lui… » qui ponctuent les interviews des sportifs ou chanteurs comme s'il fallait sans cesse se cacher derrière une sorte d'édredon sémantique.

« C'est un petit peu raciste de pousser des cris de singe, non ? »

« Comme il a dit le coach, j'ai été un peu nul. »

« Ça fait un petit peu de la peine qu'il soit plus là » (d'un joueur mort d'un AVC sur le terrain).

Mais cette pudeur linguistique, souvent teintée de timidité, sorte de politesse pour son auditeur, prend une tout autre valeur dans d'autres domaines : elle peut en effet servir la manipulation, porter l'anathème et camoufler parfois un appel au meurtre.

Ainsi dans la vie sociale et politique, c'est à coups d'euphémismes que l'on atténue les humiliations, que l'on apaise les rancœurs, que l'on diffère les justes revendications salariales. Plutôt que de s'efforcer de valoriser le beau métier d'instituteur, on s'est contenté de lui octroyer le titre ronflant de « professeur des écoles » ; est-il pour autant mieux considéré, mieux payé, mieux formé ? Que nenni ! Mais le tour de passe-passe n'aura pas coûté un euro. De même, appeler un homme de ménage ou un balayeur « technicien de surface » ne change rien à la précarité du salaire et à la pénibilité de l'emploi. Parler de « demandeurs d'emploi » au lieu de « chômeurs » n'atténue en rien la douleur de la situation. Pas plus qu'un « non-voyant » ne sera d'aucune façon moins handicapé qu'un « aveugle ». Tous ces faux-semblants linguistiques seraient amusants si ce n'était pas un pitoyable prétexte pour ne rien faire ; comme si le maquillage lexical suffisait à exonérer les responsables des décisions certes plus coûteuses, mais concrètes et efficaces.

Cacher, dissimuler, farder pour ne pas choquer une opinion prompte à s'inquiéter, voici aussi ce qui amène à parler d'« opérations de maintien de l'ordre » plutôt que de « répression » ; de « révision » ou de « réaménagement des tarifs » plutôt que d'« augmentation » ; de « compression du personnel » plutôt que de « licenciement » ou enfin de « ralentissement du rythme de la hausse du chômage » plutôt que d'« échec de la politique de l'emploi ».

Et également, plutôt que de regarder en face la mort et son caractère inéluctable, comme tout homme digne de ce nom doit le faire, on se paie de mots : « il a disparu » ; « nous l'avons perdu », « il nous a quittés » en laissant croire que peut-être il va nous revenir…

La poudre identitaire pour farder l'exclusion

Il est devenu à la mode d'édulcorer les détresses sociales et culturelles ou de maquiller certains handicaps douloureux, en les diluant dans une prétendue identité culturelle sous le prétexte démagogique d'éviter la stigmatisation. Disons-le une fois pour toutes : *L'inculture et le handicap n'ont rien de culturel.* Avoir du mal à lire et encore plus à écrire n'a rien d'identitaire ; cela aggrave la marginalisation sociale et rend plus improbables les chances d'en sortir. Aujourd'hui, pour être politiquement correct, il faut se complaire à décrire, admiratif, complice et un brin amusé, les astucieuses stratégies de citoyens qui s'échinent douloureusement à contourner les obstacles quotidiens que leur imposent leurs difficultés de lecture et d'écriture. Et on accepte, au nom du droit à la différence (et à l'indifférence), que certains soient privés de mettre en mots leurs pensées. Si les hommes et les femmes en situation d'illettrisme ont droit à notre respect et à notre solidarité, reconnaissons tout de même que l'illettrisme rend difficile l'exercice de leur citoyenneté et que cela n'est en rien acceptable ; *la description ethnologique de ce phénomène ne lui confère aucune lettre de noblesse socioculturelle.*

Dans la même perspective, ils sont nombreux ceux qui, linguistes, sociologues, journalistes, soulignent le dynamisme, la créativité et la valeur identitaire de la langue des cités en feignant d'ignorer l'enfermement auquel cette réduction linguistique condamne ceux qui la subissent. Ces bons apôtres refusent d'analyser les préjudices subis par ceux à qui fait défaut la maîtrise de la langue et se laissent complaisamment séduire par l'écume d'une parole dont le pittoresque cache bien mal l'inquiétante approximation. Ils clament à qui veut l'entendre que tous les langages sont égaux alors que certains livrent les clés du monde et que d'autres ferment les portes du ghetto. Accrocher aux chaînes qui entravent certains citoyens, quelques jolis rubans ethnico-culturels, ne rend pas ces chaînes moins pesantes. Cela tient du cynisme et de la démagogie.

Lutter contre l'illettrisme serait ainsi pour certains une sorte d'acharnement éducatif ; pire, une sorte de violence culturelle du type de celle que les missionnaires faisaient subir aux bons sauvages. La « culturisation » de l'exclusion sociale est devenue une posture intellectuelle et idéologique que prennent avec trop d'empressement un bon nombre de ceux dont les enfants risquent « moins » l'échec scolaire et social que les autres. C'est aussi pour certains sociologues et philosophes autoproclamés une façon « élégante » d'accepter le statu quo. L'inculture et l'illettrisme seraient alors une chance de se débarrasser définitivement des normes orthographiques, des règles grammaticales, de la solitaire lecture des livres, pour entrer dans la ronde, ô combien joyeuse, d'une oralité débridée, d'une écriture affranchie et d'une réflexion sans contrainte.

D'une façon générale la non-prise en compte de l'erreur comme fondement de l'apprentissage conduit à des comportements de complaisance qui pénalisent toujours les enfants les plus en difficulté. Même très jeunes, il faut faire prendre conscience aux enfants de la façon dont ils fonctionnent, les aider à accepter qu'ils se sont trompés et comment ils peuvent s'améliorer. Ils doivent constater que les autres aussi se trompent, font des erreurs et que c'est en les acceptant qu'on se dépasse. Il faut avoir pour eux de grandes ambitions ; pour les plus brillants comme pour ceux qui ont plus de mal. En aucun cas il ne faut se laisser aller à un apitoiement qui est synonyme de renoncement et d'abandon. On confond trop souvent le respect que l'on doit à tout être fragile ou différent avec la compassion, parfois ambiguë, que l'on témoigne aux difficultés qui rendent son parcours d'apprentissage douloureux et pénible.

Il est ainsi de bon ton aujourd'hui de couvrir les difficultés voire les handicaps du voile pudique de la spécificité culturelle. La surdité par exemple serait pour certains un signe d'identité culturelle alors que c'est à l'évidence un handicap que l'on doit tenter de surmonter. La langue des signes n'est pas un signe identitaire ; c'est un instrument qui doit ouvrir les enfants sourds au monde de la communication et non pas les enfermer toute leur vie dans un cercle de repli. L'oralisation par implant cochléaire n'est pas la trahison d'une loi tribale, mais une libération. Quand je constate aujourd'hui que certains pseudo-thérapeutes « vendent » des séances d'apprentissage de la langue des signes à des enfants parfaitement entendants sous le prétexte fallacieux de développer leur « conscience communicationnelle », je me dis qu'il y a des coups de pied au cul qui se perdent. Je me souviens de cette phrase qui fut adressée au professeur Reuven Feuerstein par un des jeunes trisomiques avec lesquels il travaillait : « *Don't accept me as I am !* » : « Ne m'accepte pas tel que je suis ! » Ce jeune handicapé voulait dire à son professeur : « Respecte mon humanité mais certainement pas mon handicap ! Aie des ambitions à la hauteur de l'humanité que tu me reconnais ! » Et c'est en refusant la résignation et la complaisance que dans des centres, comme celui qu'a fondé Reuven Feuerstein, on parvient à apprendre à lire et à écrire à des jeunes gens mentalement très handicapés.

Les langues régionales, entre folklore et repli identitaire !

L'histoire a traité de façon très inégale les différentes langues de notre pays. Le français a ainsi confisqué à son seul usage les cercles officiels de la communication, chassant du même coup d'autres langues de ces lieux de pouvoir. C'est le cas du breton, du basque, de l'occitan… Tous ces instruments de communication minorés, que l'on nomme à tort *dialectes* ou *patois,* sont en fait des langues qui ont manqué de chance. Elles possèdent tout comme la langue française des structures syntaxiques et lexicales qui leur assurent un égal potentiel de communication, mais il fut décidé de les sacrifier au nom d'un mot d'ordre républicain : *une langue, une école, une nation.* Et ce fut sans doute une sage décision, même si certains la jugent aujourd'hui injuste et cruelle. Élire le français comme langue commune fut un choix de rassemblement. Éduquer en français fut une décision de partage culturel et d'égalité des chances. Apprendre à défendre la nation en français fut un facteur de mixité. Exclues des champs de la communication institutionnelle, privées de fonction de promotion sociale, les langues régionales ont été, et sont encore, cantonnées à un usage de familiarité et de proximité. Elles portent aujourd'hui, dans leur vocabulaire et même dans leurs structures syntaxiques, les traces de la marginalisation qu'elles ont subie.

Faut-il alors tenter de redresser les torts de l'Histoire ? Faut-il, au nom du respect des spécificités culturelles et linguistiques, faire de ces langues qui, jusqu'ici, ont été cantonnées à un usage de familiarité, les outils de l'administration et de l'enseignement ? Ou bien, au nom de la cohésion sociale et de l'intelligence collective, convient-il d'imposer le français, comme seule langue de l'État dans toutes les écoles, les tribunaux et les institutions de la République ? Cette seconde option, la seule réaliste, s'impose sans aucun doute ; cependant, elle doit faire une juste place, au sein des lieux de culture, à un apprentissage optionnel des langues régionales et promouvoir les valeurs culturelles qu'elles portent.

Réunion dans une salle des fêtes d'une petite ville de Bretagne. Trois sociolinguistes s'adressaient à tour de rôle à une assemblée d'une cinquantaine de personnes apparemment passionnées par leurs discours. Après quelques exemples d'analyse linguistique démontrant que le breton était une langue à part entière et quelques rappels historiques exposant l'injustice dont il fut la victime, ils conclurent tous sur la nécessité de mener un combat sans merci pour faire du breton la langue de « l'école bretonne ».

C'est alors qu'au premier rang se leva une femme. Elle devait avoir une cinquantaine d'années :

« Dis-moi, dit-elle en s'adressant à l'orateur, toi qui parles si bien, écoute donc l'histoire de mon arrière-grand-père. Lui, il parlait breton et uniquement breton. Pas un mot de français. Sa fille, ma grand-mère, tomba gravement malade. Pour la faire soigner, il s'adressa à un notaire qui lui prêta de l'argent contre la signature d'un papier auquel il ne comprit évidemment rien. Ma grand-mère mourut ; le lendemain de l'enterrement, on le convoqua au tribunal et on lui enleva la moitié de ses terres. Le malheureux se pendit. »

Un silence lourd de gêne et de tension s'installa. La femme poursuivit :

« Et tu sais en quelle langue était écrit ce papier ? Tu le sais ? C'est en français que c'était écrit ! Et tu sais en quelle langue on l'a condamné au tribunal, lui qui ne parlait que le breton ? En français ! Est-ce que tu crois que l'on écrira bientôt les papiers en breton pour que les enfants de tes écoles puissent les lire en breton ? Est-ce que tu crois que l'on parlera bientôt breton au tribunal ? »

Ainsi parla cette femme. Sans agressivité particulière, sans réelle indignation. Elle disait simplement l'injustice et l'exploitation. Pour son arrière-grand-père, elle les acceptait comme la fatalité d'une époque révolue. Mais elle était debout pour demander que ses enfants aient un peu plus de chances d'y résister. Elle nous rappelait que c'était en français que son arrière-grand-père avait été spolié et que le breton, fût-il écrit, ne constituerait pas de sitôt une arme sociale efficace. Elle pensait aussi, sans doute, qu'il était facile aux gens les plus privilégiés de venir vendre « l'école en breton » alors que leurs propres enfants liraient et écriraient de toute façon en français.

Sans négliger le soutien légitime des identités linguistiques et culturelles, nous devons mettre tout en œuvre pour distribuer de la façon la plus équitable le pouvoir d'analyse, de questionnement et de dialogue au niveau national. Or ce pouvoir qui permet à tous de se défendre également contre la tromperie, les mensonges et l'exploitation, c'est en français qu'il s'exerce et doit s'exercer dans notre pays. En aucun cas un décret instaurant par exemple l'usage d'une langue minorée à l'école (breton, occitan, basque) n'aura le pouvoir d'effacer les inégalités que les aléas de l'histoire ont instaurées entre les langues dans la vie sociale et économique de la France. C'est bien mal connaître les langues que de croire que l'on peut ainsi modifier leur hiérarchie en décrétant ponctuellement leur officialisation du jour au lendemain. Une langue minorée ne pourrait voir son statut changer qu'au rythme de l'évolution du peuple qui la parle. Elle ne développerait de nouvelles formes orales, elle ne déploierait son écriture que si lui étaient honnêtement proposés de nouveaux défis de communication. Une langue déteste qu'on lui concède un statut de papier qui ne correspondrait pas à de vrais territoires sociaux, culturels, économiques... qu'on l'inviterait alors à conquérir. Alors, et alors seulement, elle créerait les mots capables de dire ce monde jusque-là confisqué. Alors, et alors seulement, elle inventerait les mots et les structures linguistiques capables de donner, à ce monde nouvellement investi, un sens qui serait nécessairement différent de celui forgé jusque-là par la langue dominante. Si l'introduction de la langue catalane dans les écoles, les tribunaux et les administrations de l'Autonomie catalane fut légitime et juste, c'est parce qu'elle était l'aboutissement *d'un processus préalable de transformation politique, administrative et sociale.* La création d'isolats scolaires en Bretagne, en Occitanie ou ailleurs ne se justifie ni sur le plan pédagogique (la plupart des élèves ont pour langue maternelle le français) ni sur le plan social (la langue de promotion est le français). Il s'agit d'une revendication identitaire à la mode qui ne concerne qu'une minorité d'enfants plutôt favorisés.

L'inculture comme marque de virilité

L'utilisation de mots peu usités, mais précis, fait parfois craindre à certains de *se faire remarquer*, voire moquer. Cette appréhension les amène souvent à avoir peur de se distinguer des autres en utilisant un vocabulaire rare mais juste. Elles préfèrent se fondre dans un groupe refermé sur lui-même qui tente de vivre ses limites linguistiques et son enfermement culturel comme des attributs tribaux. Dès leur entrée à l'école, un nombre important d'enfants, les filles surtout, ont ainsi peur de se faire remarquer par un vocabulaire sortant du flou ordinaire. Elles comprennent vite que l'appartenance au groupe a un prix : le renoncement aux mots peu fréquents, aux structures rigoureuses, justes et élégantes. Elles évitent donc les mots moins banals qu'elles pensent venus d'un monde qui leur semble étranger, issus d'un temps qu'ils jugent révolu. En prenant le risque de les utiliser, elles craignent de se distinguer de leurs camarades et de s'exclure du groupe. Ces mots étranges sont souvent considérés par les leaders avec autant de mépris que de suspicion. Un exemple :

Fraîchement sortie de l'IUFM une jeune « professeure des écoles » décida de faire travailler ses élèves sur « le champ sémantique des saveurs positives » ; c'était exactement ce qui était écrit sur la fiche d'activité qu'elle avait fidèlement photocopiée dans un ouvrage « pointu » de didactique de la langue. En clair, il s'agissait de faire acquérir des mots comme « exquis », « succulent », « savoureux », « délicieux ». Suivant la démarche préconisée, elle commença par leur raconter une petite histoire qui était censée mettre en situation ces adjectifs. Succès mitigé ! Puis, elle décida de commencer par le mot « exquis ». Elle donna trois exemples assez pertinents d'exquisité et demanda à ses élèves de proposer des phrases utilisant le mot « exquis ». De l'indifférence agitée, une voix s'éleva. C'était celle d'un petit garçon blond, assez costaud et plutôt sûr de lui. J'ai su ensuite qu'il appartenait à une famille de cadres moyens (mère infirmière, père agent commercial). Ce petit Français, bien sous tous rapports, répondit donc à la maîtresse d'une voix pleine d'assurance et teintée d'un léger défi :

« Mais dis-moi, maîtresse, "exquis", ça, *c'est un mot pour les filles.* »

J'ai encore le souvenir du malaise qui m'avait envahi en entendant ce que disait cet enfant et en voyant tous ses copains autour ricaner à l'envi et congratuler leur viril porte-parole. Ainsi donc, dès six ans et demi, le monde se trouvait déjà partagé entre ceux qui acceptaient de s'approprier des mots plus rares, et par là même plus justes, et ceux, dont le petit blondinet était le chef de file, qui refusaient d'emblée et avec mépris ces mots venus d'ailleurs, bons uniquement pour ce monde « féminin » que l'on considérait avec autant d'inquiétude que de suspicion. La « réserve » dont ce petit garçon commençait à tracer les frontières était celle où ne régneraient que les mots les plus fréquents, les plus anodins, les plus imprécis ; en seraient chassés le « précis » comme le « précieux ». Un lieu enclavé où « grav bon » prendrait à tout coup le pas sur « exquis » et « succulent », où la proximité et la connivence compenseraient l'imprécision des mots. Un territoire, enfin, étranger à l'écrit et bien à l'abri de ses « préciosités ridicules ».

Cette jeune institutrice avait fait œuvre utile en tentant d'enrichir le lexique de ses élèves de mots, certes peu fréquents, mais d'autant plus justes et précis. Et elle s'était heurtée aux précoces manifestations d'un refus viril d'accepter un modèle de vocabulaire jugé interlope, porteur d'une féminité suspecte. C'est ce même refus qui se trouve confirmé, avec encore plus de force et de hargne, dans plusieurs enquêtes récemment effectuées auprès d'adolescents à propos des livres et de la lecture.

« Un livre, tu rigoles, c'est un truc de meufs, c'est pas pour nous […] Tu les vois, ces gonzesses, à se la jouer avec des livres ; des livres, pas des zines : genre j'ai besoin de personne, je suis pas là, limite si c'est pas nous manquer de respect quoi ! »

« Un livre, c'est pour les pédés, ça ! Pour moi, en plus, ils font semblant ces mecs. Ils sont là à se tortiller avec un bouquin dans un coin. Jamais avec les autres, genre on n'est pas assez bon pour eux. »

« Nous on lit pas, enfin juste quand le prof nous dit. Et là, on fait juste le bruit et c'est tellement chiant que même nous ça nous fatigue de lire comme ça. Alors lui… ; trois lignes et c'est bon ; il nous dit d'arrêter ! Non ! en classe y a que deux mecs et puis les filles qui lisent vraiment l'histoire. »

Quelques morceaux choisis qui montrent que le refus de lire ou la perversion du lire figurent en bonne place parmi les attributs virils qui transforment l'échec en signes de rassemblement. Lire serait donc une affaire de filles ou de pédés ! En bref, les activités intellectuelles – les mots qui portent justement notre pensée, les livres qui la nourrissent – sont d'emblée considérées comme celles d'un univers équivoque et décidément féminin ou efféminé.

C'est dès le début du langage que les parents puis les enseignants doivent donner aux enfants le goût des mots nouveaux afin que le désir précocement développé de posséder ces mots jusqu'ici inconnus écarte la crainte du ridicule. Dès trois ans, il est indispensable d'installer avec les enfants des rituels de transmission des mots, chacun d'eux venant enrichir un trésor sans cesse renouvelé, sans cesse sollicité où chaque apport nouveau est salué comme une chance nouvelle, où chaque entrée lexicale est accueillie avec jubilation et gratitude. On créera ainsi dès l'enfance cet amour du mot rare, ce désir d'une saveur lexicale singulière que l'on savoure parce qu'elle est singulière, parce qu'elle est rare, parce qu'elle nous vient d'un autre si différent de nous, d'une autre génération, d'un autre milieu, d'une autre culture.

La fausse bataille pour l'égalité des genres

Rien ni personne ne peut donner une explication crédible qui expliquerait pourquoi les mots, qu'ils soient oraux ou qu'ils soient écrits, voient leurs sens respectifs portés par telle combinaison de sons, ou par telle suite de lettres plutôt que par une autre. Rien ne prédispose la suite de sons [g a t o] à évoquer le sens du mot « gâteau »; de même qu'en espagnol, rien n'appelle les mêmes sons (ou à peu près) à porter le sens de « chat ». Il nous faut donc accepter l'arbitraire du signe linguistique et faire à la question: « Pourquoi dit-on "le" au lieu de "la"? », la seule réponse juste: « Parce qu'il en est ainsi! » et non pas: « Parce qu'il devait en être ainsi! »

J'assistais récemment à une réunion que présidaient deux ministres de sexe féminin; quelques linguistes étaient conviés afin d'apporter leurs lumières précieuses, voire leurs cautions, à une réflexion de circonstance sur les stéréotypes discriminatoires portés par la langue française. Après quelques remarques faites – sans la moindre trace d'humour – sur l'insupportable règle grammaticale qui impose que « dans l'accord de l'adjectif avec deux noms l'un masculin, l'autre féminin, c'est le masculin qui l'emporte », l'une des deux ministres engagea, sur un ton très décidé, à la limite de l'agressivité, un sévère réquisitoire contre le fait que l'on puisse encore aujourd'hui appeler une femme « Madame *le* ministre ». Elle voyait là un manque de respect pour les femmes en général et pour elle en particulier. Emporté par quelque élan facétieux, sans doute dû à la médiocrité générale des débats, je glissai insidieusement à l'un des directeurs de cabinet: « Elle n'arrivera qu'à se donner un genre. » Le jeu sur le mot « genre » me semblait personnellement assez réussi, mais fit se fâcher tout rouge mon interlocuteur qui me plaça *in petto* dans les rangs des affreux machistes-conservateurs-réactionnaires. Et pourtant, cette innocente plaisanterie n'était pas dénuée de sens linguistique. Le français, comme vous le savez, possède deux genres, l'un est dit masculin, l'autre est dit féminin. Il s'agit bien de genres et non pas de marques de sexe. Cela signifie tout simplement que les noms sont en français distribués en deux ensembles, l'un qui exige par exemple l'article « la » ou « une » ; l'autre qui impose « le » ou « un ». Le sens des noms ne permet pas, dans la plupart des cas, de prédire à quel ensemble ils appartiennent. Ainsi qui pourrait dire pourquoi « clé », « serrure » et « porte » sont de genre féminin alors que « porche », « verrou » et « arbre » sont de genre masculin : il est clair que leur distribution est totalement arbitraire. Il est cependant vrai que les noms qui réfèrent à des êtres de sexe femelle appartiennent au genre féminin (une vache), tandis qu'inversement ceux qui renvoient à un être de sexe mâle sont de genre masculin (un cheval). On peut donc dire que nous avons, en français, deux genres entre lesquels les noms se répartissent de façon largement arbitraire quel que soit leur sens. Cependant on devra ajouter que le genre a prêté son système de distribution arbitraire aux mots évoquant des êtres dont le sexe méritait d'être distingué, et ce parce qu'il était plus économique d'utiliser « la » ou « le » devant le même mot plutôt que de créer un nouveau mot (cheval/jument). Il n'en reste pas moins vrai que, dans l'immense majorité des cas, le fait qu'un nom appartienne au genre féminin ou masculin n'a absolument rien à voir avec une référence au sexe. Il s'agit simplement d'une règle d'accord que le français a cru bon de mettre en place, au contraire d'ailleurs d'une bonne partie des langues du monde. Pensez par exemple aux difficultés des anglophones pour savoir s'il convient de dire « le ou la fourchette », « la ou le bière ».

J'ai bien conscience du caractère inadmissible de la discrimination sexuelle. Il est absolument insupportable qu'elle sévisse encore aujourd'hui dans la vie politique, professionnelle ou familiale. Mais choisir le terrain linguistique pour mener cette bataille nécessaire en confondant règle arbitraire et symbole social me paraît quelque peu ridicule et, pour tout dire totalement inefficace. « Madame *le* ministre » n'a, à mon sens, rien de choquant ; l'article « la » ou « une » n'ajoutent rien de pertinent, d'autant qu'ils disparaîtront dès l'instant qu'on annoncera : « Madame X, ministre de… » Si l'on tenait véritablement – mais en a-t-on vraiment besoin ? – à marquer la féminité du « faisant fonction », alors il faudrait créer : « ministresse », ou « ministrice », ce qui, vous en conviendrez, n'est pas du meilleur effet.

La bataille perdue de l'égalité des sexes

Si nous nous révélons incapables de protéger avec efficacité des filles qui veulent faire honnêtement leur métier d'élève, si nous abandonnons le terrain scolaire à l'inculture et au sexisme, alors il faut bien comprendre qu'alors, nous vidons de son sens la notion de parité. L'école laïque ne peut pas se contenter de présenter une façade propre et nette. Elle ne peut pas se satisfaire, n'en déplaise à nos batteurs d'estrade, d'être une école « dévoilée » qui se donne ainsi à bon compte une apparence républicaine. L'école laïque, c'est l'école où les plus faibles et les plus fragiles sont accueillis et protégés ; celle où les filles qui entendent conjuguer goût d'apprendre et liberté gagnée doivent pouvoir réussir avec autant d'ostentation qu'elles le veulent.

Dans un contexte de fracture culturelle, les écarts de performances scolaires entre filles et garçons ont paradoxalement des conséquences inquiétantes pour les filles. Année après année, ces écarts n'ont cessé de s'accentuer : les filles lisent mieux et plus, écrivent plus justement et plus correctement. À dix-sept ans, la différence est de plus de quatre points entre jeunes gens et jeunes filles en situation d'illettrisme ; et plus les difficultés sont graves, plus l'écart est important en faveur des filles. Mais, au-delà des performances scolaires, c'est la posture intellectuelle adoptée face aux propositions de l'école qui distingue nettement les filles des garçons et les met en danger.

Pour les filles, les promesses de l'école sont encore audibles. Même si elles sont conscientes qu'un poste de caissière de supermarché attend souvent les détentrices d'un baccalauréat professionnel, elles mettent pour beaucoup d'entre elles leurs espoirs de liberté, d'autonomie et de dignité dans l'école de la République. Pour elles, le pari de l'école mérite d'être tenté parce qu'il constitue leur seule chance d'émancipation.

Les garçons, pour certains, entament très tôt leur procédure de divorce scolaire. L'école est vécue comme une succession de contraintes qu'ils supportent de plus en plus difficilement, à mesure que se fait plus lourd le poids de l'échec. Ils se serrent alors derrière une ligne de partage culturel que l'école ne leur a pas donné les moyens de franchir. Cette ligne de partage, ils la transforment peu à peu en ligne de défense d'un territoire.

Le crédit que les filles accordent à l'école, leur intérêt pour les activités intellectuelles que sont la lecture et l'écriture, leur ouverture aux valeurs culturelles communes, tout cela les rend suspectes de collaboration et de vénalité. Elles doivent donc être surveillées et de temps en temps « mises au pas ». En bref, féminité et intellectualité sont dans bien des écoles l'objet d'un même mépris. La virilité s'y reconnaît dans l'ignorance et dans l'enfermement tribal. Les filles de notre pays – notamment celles qui sont « issues de l'immigration » – sont ainsi impliquées dans un combat qui n'est pas vraiment le leur. Elles sont sommées de choisir leur camp culturel alors que, pour la plupart d'entre elles, la question prioritaire est de pouvoir exercer leur libre arbitre intellectuel et physique. Appelées à une solidarité ethnique et à un communautarisme religieux dont elles savent qu'ils menacent de fait leur autonomie de penser et d'agir en êtres émancipés, beaucoup sont condamnées à une scolarité de contrebande : elles doivent jouer au plus près avec les règles implicites de la tribu en évitant à la fois un échec scolaire définitif et les sanctions qu'un trop brillant succès risquerait de leur valoir. Réussir sans que cela soit trop visible ; ne pas couler, mais ne pas trop « la ramener » ; tel est le chemin scolaire que doivent emprunter certaines des élèves de nos écoles.

Un exemple :

Voici ce que raconte L., qui s'exprimait dans un débat organisé par l'association « Ni putes ni soumises ».

« Pour nous, c'est une question de survie ! C'est pas que nos vies soient en danger, physiquement, tous les jours. Encore que… Non ! La question, c'est : comment s'en sortir sans y laisser trop de larmes ? Si on la joue trop " bonne élève " qui fait ses devoirs, qui lit – comme moi j'aime lire –, qui pose des questions, alors on passe pour une lâcheuse. C'est presque comme si on avait trahi. Alors, pour pas avoir d'ennuis, on se fait pas remarquer. On montre juste ce qu'il faut pour que les profs ils sachent qu'on est là et qu'on se laisse pas couler. Ils sont pas beaucoup à comprendre ce qu'on vit ; ils pensent juste que c'est notre niveau, qu'on pourrait pas faire mieux. [...] Je te prends l'exemple : l'autre jour, je suis dans la cour, tranquille en train de lire un bouquin – je crois que c'était *L'Étranger* – j'aime bien, ça me rappelle l'Algérie. C'est marrant que je dise “ ça me rappelle ” vu que j'y ai jamais mis les pieds. Bon ! je suis cool, à lire ; j'emmerde personne et ils arrivent à trois : “ Et pour qui tu te prends ? Et qu'est-ce que tu as à nous regarder comme ça ? ” Moi, je les connais, et je sais que si je réponds, ça va mal aller pour moi. Je continue à lire. Y en a un qui me pousse, un autre qui me prend le bouquin et ils commencent à se le jeter en pleine cour jusqu'à ce que les pages s'en aillent l'une après l'autre. Moi, ça m'a rendue folle ! Je les aurais tués. Mais quoi ! J'ai juste ramassé les pages et j'ai fermé ma gueule. Mais je pensais : Putain ! c'est ça l'école ?... »

Laïcité ou catéchisme républicain

La laïcité commença au moment où les hommes décidèrent collectivement d'imposer leur pensée au monde ; le jour où, ne se contentant plus de contempler passivement l'œuvre de Dieu, ils s'arrogèrent le droit de la questionner, de la transformer et surtout de lui donner un sens par la force partagée de leurs intelligences. La laïcité commença à l'aube de la bataille engagée pour découvrir les secrets qu'un dieu jaloux ne voulait pas divulguer, à tenter de comprendre « ce qu'il y avait derrière » : derrière la vie, derrière les phénomènes qu'ils percevaient, derrière les apparences. C'est ainsi que les intelligences singulières des hommes, réunies et exaltées par le pouvoir du verbe, parvinrent à défaire nœud après nœud l'entremêlement mystérieux des principes de la genèse et du fonctionnement du monde. Refusant la fatalité du *hic* et du *nunc*, s'élevant ainsi au-dessus de leur humaine condition, les hommes osèrent formuler l'universel, les hommes osèrent dire l'infini. Portant fièrement cet héritage, l'école laïque est ainsi le lieu de *l'élévation par l'esprit* qui assure l'exact équilibre avec *la révélation par la foi*.

Dès lors que la pensée laïque choisit de s'exonérer des lois que Dieu, directement ou indirectement, avait imposées aux hommes, elle dut graver elle-même le paradigme de ses valeurs universelles ; elle dut, génération après génération, découvrir les lois qui régissent le monde ; elle dut, siècle après siècle, archiver la réalité de notre histoire et la beauté des œuvres littéraires et artistiques. Et elle confia la transmission de ce patrimoine à ses maîtres d'école. C'est la valeur de ce patrimoine, c'est la légitimité des « passeurs » que nous devons défendre aujourd'hui plus qu'hier. Si les savoirs de l'école laïque ne sont pas « négociables » en fonction des appartenances religieuses ou culturelles, cela ne signifie pas qu'ils sont « inquestionnables ». Cela signifie qu'ils ne sauraient se plier ou « se tordre » devant aucune croyance, aucune tradition mais qu'ils sont proposés à l'examen rigoureux, à l'analyse sérieuse, au questionnement respectueux.

Pour autant, le maître ne doit en aucun cas nier la singularité culturelle ou confessionnelle de ses élèves, mais il doit simplement veiller à ce que ces singularités n'interfèrent nullement avec les apprentissages, qu'en aucun cas elles ne soient le prétexte dans l'école à des replis communautaires ou à des affrontements. Il est bon de rappeler que *la vraie justification de l'interdiction des signes religieux à l'école repose essentiellement sur le refus que les différences visibles donnent à quiconque un droit particulier et autorisent un traitement singulier.* C'est pourquoi, plutôt que de tenter, vainement d'ailleurs, d'effacer les signes plus ou moins ostentatoires d'appartenance confessionnelle en espérant naïvement évacuer ainsi les oppositions et les haines, nous devrions faire étudier, en toute laïcité, les textes attestant les histoires respectives des religions et rejeter ainsi les idées fausses et les interprétations tordues. Si la laïcité se réduisait à se préoccuper de l'épaisseur du drap d'une jupe ou de sa longueur, si elle faisait d'un foulard banal le prétexte de l'exclusion de mères prêtes à donner un coup de main en sortie scolaire, alors elle se viderait de son sens profond et deviendrait un instrument d'exclusion. L'école laïque n'est pas un sanctuaire où rien d'« étranger » ne rentre, où aucune culture, aucune histoire, aucune confession singulière n'aurait droit de cité. Évidemment pas ! L'école laïque est l'école de l'ouverture et de la tolérance. C'est parce qu'elle est forte de ses propres valeurs qu'elle peut s'enrichir de ce qui vient d'ailleurs, contribuant ainsi à développer le respect de l'Autre et surtout l'attrait pour ce qui est différent.

Des années d'errances éducatives

Les fausses bagarres idéologiques : entre cynisme et naïveté

De part et d'autre d'une ligne de fracture culturelle qui casse l'école de la République, se font face, depuis une trentaine d'années, deux groupes (parents et enseignants mêlés), farouchement antagonistes, persuadés chacun de détenir la bonne solution pédagogique et la juste ligne idéologique. Les deux camps mélangent d'ailleurs jusqu'à la caricature « pédagogie » et « idéologie » en oubliant, l'un comme l'autre, l'intérêt des élèves les plus fragiles.

D'un côté (celui d'une droite, souvent peu éclairée), nous trouvons ceux qui, tellement désireux de « sauver les lettres », sont prêts à sacrifier le quart des élèves. Ceux-là ont l'absolue certitude que la force et la beauté naturelles des textes littéraires ainsi que la rigueur évidente des connaissances suffiront à entraîner l'adhésion de tous les élèves, à la seule condition que l'on veille à rester « droit dans ses bottes culturelles ». Ils sont convaincus que la fidélité absolue au patrimoine classique, le maintien sans faille des exigences formelles et la stricte exigence des règles de comportement devraient suffire pour que tous les élèves entrent de bon ou de mauvais gré dans une culture scolaire que l'on pense aussi immuable que convaincante. Ce discours, empreint parfois de nostalgie, renvoie à une époque rêvée où l'école tenait son rang, où les élèves restaient à leur place et où les professeurs faisaient leur métier de « conservateurs culturels ». Une époque où la sélection était tellement sévère qu'on livrait aux enseignants des élèves préparés à faire docilement leur métier d'élèves. Cette position ignore superbement la transformation radicale, sociale et culturelle, qu'a connue la population scolaire durant ces quarante dernières années. Cependant, derrière cet excès de rigidité, on doit reconnaître la défense légitime d'une haute ambition pour tous et la volonté de ne pas priver certains élèves des plus belles pages de notre patrimoine littéraire sous prétexte qu'ils n'en seraient pas capables ou… indignes. La question qui reste sans réponse est de savoir *comment* mettre en pratique cette noble ambition pour une population de plus en plus éloignée des propositions patrimoniales de notre école.

De l'autre côté (celui d'une gauche parfois romantique), il y a ceux qui voudraient imposer à l'école une sorte de « révolution culturelle ». Ceux-là jetteraient volontiers à la mer la littérature classique, l'analyse grammaticale, l'apprentissage syllabique de la lecture, les règles de l'orthographe et surtout toute utilisation des notes qui constituent à leurs yeux les instruments pervers d'une école uniquement soucieuse de reproduction sociale. Il leur arrive ainsi de préférer les textes de rap à Victor Hugo, une médiocre « littérature de jeunesse » à Maupassant et Primo Levi et le papotage pseudo-philosophique à la rigueur de l'argumentation.

En tentant de « moderniser » une éducation devenue, selon eux, poussiéreuse et rétrograde, ils espèrent donner plus de chances aux élèves peu préparés à affronter la culture scolaire traditionnelle. Mais ils prennent aussi le risque d'enfermer ceux-là mêmes qu'ils veulent aider dans le réduit des écrits dits « sociaux » ou « fonctionnels » en les privant des références culturelles qui donnent le goût du beau et du vrai. Et cela n'est pas acceptable !

Il faut donc fermement refuser que certains de nos élèves soient « dispensés » des plus belles pages de notre patrimoine littéraire et scientifique, mais il ne suffira cependant pas de clamer notre volonté de construire une école d'excellence ouverte à tous pour que tous y réussissent. Le vrai défi politique *et* pédagogique qu'il faut relever aujourd'hui est de mettre en pratique une juste ambition éducative pour une population en rupture culturelle et sociale. On ne peut accepter qu'un maître, campant du « bon côté » de la faille culturelle, s'adresse à ses élèves dans les termes suivants : « Ce qui fait de chacun de vous un être culturel singulier n'a pas sa place dans ma classe. » Mais on ne peut pas non plus tolérer que, dans le souci de se rapprocher complaisamment de ses élèves les plus en difficulté, le maître parle comme eux, écrive comme eux et édulcore les textes et les savoirs. Et surtout ne croyez pas que ce malentendu tragique ne concerne que ceux qui, venus d'ailleurs, n'auraient pas pour notre littérature un goût et un élan « naturels ». Le divorce culturel concerne un nombre important d'élèves sans origines particulières avec lesquels on n'a pas réussi à trouver un mode de transmission honorable : *celui qui ne les nie pas et qui ne se renie pas.*

Les grands oubliés de ce combat idéologique sans nuance et sans propositions audibles, ce sont nos maîtres dont on a tant négligé la formation. Ils sont devenus les otages d'une guerre qui les dépasse. Le débat actuel sur la légitimité d'une évaluation des performances des élèves est de ce point de vue significatif. Est-il, comme le clament certains, scandaleux d'envisager la notation des acquis des élèves aux moments clés du cursus scolaire ? Est-ce une violence intolérable faite aux enfants de l'école primaire ? Quand on sait, par exemple, l'importance essentielle de la maîtrise du langage oral sur la réussite de l'apprentissage de la lecture, on ne saurait fermer les yeux sur le fait que certains élèves risquent d'attaquer le CP avec six fois moins de mots que les autres et de voir ainsi leurs chances d'apprendre efficacement à lire considérablement écornées ; et ce quelle que soit la méthode de lecture utilisée. Si l'on doit s'élever fermement contre toute catégorisation stigmatisante, contre toute tentative de prédiction fondée sur l'analyse des comportements, il faut par contre faire un bilan régulier et clair des acquis des élèves. Il ne s'agit pas de classer les élèves, évidemment pas de multiplier les redoublements, mais bien au contraire d'accompagner chacun avec bienveillance, ambition et *lucidité* vers un perfectionnement qui lui permettra d'attaquer le niveau supérieur avec des chances raisonnables de succès.

L'illusion « pédagogo » : l'élève constructeur du savoir !

Une révolution didactique prétendit au début des années soixante-dix faire table rase d'un passé pédagogique coupable de passivité et de monotonie, mais surtout accusé d'avoir délibérément contribué à perpétuer les inégalités sociales. Elle reprochait à « l'école d'avant » de n'avoir été que psittacisme, exercices systématiques et cruelle sélection ; elle appelait à construire une école qui ne serait qu'imagination, plaisir d'apprendre et égalité des chances. Elle prétendait révéler, à tous ceux qui auraient pu l'ignorer, que les élèves possédaient bien une intelligence qui ne demandait qu'à être sollicitée et que la créativité et le talent de nos instituteurs, trop longtemps bridés, ne demandaient qu'à être libérés. Jusqu'à cette merveilleuse révélation, nous n'aurions donc eu dans nos classes que des « élèves entonnoirs » recevant passivement des connaissances stéréotypées et des « maîtres robots » suivant servilement manuels et circulaires ministérielles.

Soutenus par les nébuleuses sciences de l'éducation, qui trouvaient là une reconnaissance que l'Université leur refusait, les chantres de la pédagogie nouvelle décidèrent de substituer à la progression maîtrisée d'un apprentissage l'accès immédiat au modèle de l'expert. « Accès direct à l'expertise contre labeur d'un apprentissage progressif », tel fut le slogan de la didactique nouvelle et libératrice. Apprendre à déchiffrer précisément les mots ne fut plus considéré comme une étape nécessaire menant à la lecture courante, mais comme une finalité en soi sournoisement assignée par l'école aux moins favorisés que l'on privait ainsi de la conquête du sens. De même fut niée l'utilité de l'analyse grammaticale des phrases qui permettait pourtant de mieux articuler son écriture ou de parler au plus juste de ses intentions. Enfin, la fixation systématique du vocabulaire se trouva dénoncée comme un jeu de stricte mémorisation stigmatisant les enfants les moins riches en mots.

De même que l'on avait cru pouvoir obtenir la démocratisation du système scolaire en décrétant artificiellement un taux élevé de réussite au seul examen que l'on avait conservé, de même prétendit-on fonder une plus grande égalité des chances en supprimant les apprentissages, certes laborieux, mais nécessaires à la maîtrise de la lecture, de l'écriture et de la parole. On prétendit apprendre à lire directement dans de *vrais textes*, découvrir la grammaire au fil de la lecture de *vrais textes* et fixer les mots nouveaux uniquement en lisant et en conversant. Textes et discours devinrent ainsi l'alpha et l'oméga de l'apprentissage ; tout y commençait et tout y finissait. Maîtriser la lecture et l'écriture des textes ne fut plus alors considéré comme *l'aboutissement* d'une démarche ayant permis de découvrir progressivement les mécanismes du code écrit ; les textes devinrent au contraire les *révélateurs* des connaissances lexicales, des règles grammaticales et des relations graphophonologiques. L'ère du « tout contextuel » ou du « tout textuel » s'ouvrit, renvoyant aux poubelles de l'histoire pédagogique toute activité spécifique de grammaire, de vocabulaire et de codage et toute automatisation des conventions linguistiques. Rien ne pouvait être appris – rien ne devait être appris – en dehors de la mise en acte de la langue (lecture, écriture et discours) seule garantie d'un apprentissage « faisant sens ».

Dès l'instant où le texte fut présenté comme le seul espace dévolu à l'apprentissage de la langue écrite, s'imposa alors un modèle unique d'apprentissage : *la résolution de problème.* À cet enfant élu *constructeur du savoir*, tout fut présenté comme un problème à résoudre : identifier un mot, en comprendre le sens ou appliquer une règle grammaticale. Et on oublia que les mécanismes fondamentaux ne s'inventent pas, ils sont conventionnels, arbitraires, non discutables. Une fois acquis, ils permettent de faire donner à plein son intelligence, son imagination et son esprit critique face à un texte que l'on a alors les moyens de dominer. L'expertise se gagne, étape après étape, en maîtrisant parfaitement l'identification des composantes de la langue et leur organisation. Cette maîtrise exige un temps d'apprentissage spécifique, parfois laborieux, mais qui seul forge des certitudes solides. Pour l'atteindre, il faudra conduire l'élève du plus simple au plus complexe, du plus fréquent au plus rare. *Le « temps de l'apprenti » n'est pas un temps volé au plaisir d'apprendre*, ce n'est pas un temps où l'on contraint une intelligence à des travaux d'inutiles répétitions, c'est au contraire le temps qu'on offre à l'enfant pour qu'il acquière des repères solides et des automatismes rodés efficaces afin qu'il puisse oser avec bonheur une lecture et une écriture à la fois singulières et respectueuses de l'auteur.

L'opposition absurde entre apprendre et comprendre[4]

Enseigner ? Il y a mille et une façons de le faire, autant peut-être que d'enseignants, chacun pouvant y apporter son talent propre et ses méthodes. Mais de quelque manière que l'on procède, on ne saurait éviter à l'élève la nécessité de s'appliquer, la tête dans les mains, et de s'impliquer en une certaine forme d'ascèse, sans quoi ne resteront dans l'esprit qu'un mince vernis et, parfois, qu'une fausse croyance d'avoir compris.

---

4. Inspiré de *Langue et science*, Yves Quéré, Alain Bentolila, Plon, Paris, 2014.

On peut cependant distinguer deux démarches d'apprentissage différentes mais parfaitement complémentaires l'une de l'autre. Dans le premier, les savoirs sont appris, le plus souvent par cœur, par l'élève en écoutant le professeur décrire et expliquer les phénomènes, en le regardant réaliser – éventuellement – devant la classe une expérience (la classique réaction du vinaigre sur la craie...), en lisant livres et documents et aussi en prenant contact avec quelques parcelles de la nature – les *choses* des fameuses « leçons de choses » d'antan –, une fleur, un fossile, un granit ou un calcaire, un glaçon... On parle souvent dans ce cas d'un enseignement frontal. On peut aussi le dire *vertical*, dans la mesure où la connaissance *descend* de la bouche du maître au cerveau de l'enfant, prenant là le chemin le plus direct et le plus économe en temps et en paroles.

Dans le second, l'enfant est incité à apprendre *en faisant*, c'est-à-dire en réalisant lui-même, au sein d'un petit groupe, une expérience suggérée par une question initiale, suivie d'une tentative d'interprétation contrôlée par le maître, et conclue par un exercice d'écriture relatif à ce qui vient de se passer dans la classe. On parle ici parfois d'un enseignement *horizontal* pour exprimer que, guidé par le maître, l'enfant va à la rencontre de la nature comme il contemplerait, la nuit tombée, les planètes et les constellations ou qu'il irait observer les faits et gestes des insectes. C'est probablement là la plus ancienne pédagogie qui soit. On en trouve mille traces dans l'enseignement passé et présent, ainsi que dans les traités de pédagogie, les textes de Jean Piaget, les recommandations de Célestin Freinet, les écrits de John Dewey, de Lev Vygotski... et la pratique de nombre d'enseignants qui procèdent ainsi tout naturellement.

Les avantages et les inconvénients de ces deux approches sautent aux yeux. Dans la première, la quantité de connaissances acquises par unité de temps est grande, quitte à ce que la compréhension des phénomènes soit faible, avec un constat inverse dans la seconde. On attend plus de confort pour le professeur et de calme chez les élèves dans le premier cas, plus d'implication de l'enseignant et d'agitation des enfants dans le second. On devine ici qu'un enseignement idéal empruntera à ces deux approches ce qu'elles ont de meilleur à lui offrir : ici un énoncé purement vertical, comme ce sera le cas pour apprendre aux enfants le nom des planètes ou la nature des mots... ; là une rafraîchissante horizontalité pour observer une fleur, un fossile, un métal qui se dilate à la chaleur d'une flamme de bougie, un glaçon en train de fondre ou bien encore pour comprendre le sens implicite d'un texte littéraire. Le plus souvent, on préconisera un heureux mélange des deux lorsque, par exemple, à la suite d'un questionnement et d'une expérience réalisée par eux, il faudra donner aux enfants une explication sensée du résultat obtenu, expliquer pourquoi telle de leurs hypothèses avait été déraisonnable et leur donner une idée du contexte historique dans lequel la découverte correspondante avait été faite. Il convient cependant de souligner l'importance extrême à l'école, en science comme ailleurs, d'un *par cœur* bien compris. Il ne s'agit certes pas de vouloir fabriquer des enfants qui n'auraient qu'une « tête bien pleine » mais d'œuvrer à ce qu'ils aient une tête bien organisée, où le futur adulte puisse trouver des repères définitivement acquis.

Servilité ou trahison : un même renoncement à la libre pensée

L'incitation à parier sur l'identité des mots en se fondant sur de fragiles indices paratextuels, l'invitation à imaginer une histoire en prenant un appui précaire sur des images ou des intuitions ont conduit bien des jeunes à développer un comportement de lecture où l'imprécision le dispute à la désinvolture. Ils sont venus au terme de leur scolarisation former des cohortes de *lecteurs d'un nouveau type*. Ces inventeurs de sens, incapables de saisir avec rigueur les indices lexicaux et syntaxiques qui font la singularité d'un texte, remplacent à présent les déchiffreurs malhabiles que nous connaissions. A-t-on gagné au change ?

Il existe deux types de mauvais lecteurs. Chacun noue avec l'acte de lire un malentendu particulier mais fatal. Le premier, tout entier engagé dans une besogne aride mais exigeante de difficile oralisation, n'a pas même la force de découvrir un sens derrière le bruit des mots par manque cruel de vocabulaire. Le second prend appui sur quelques mots-tremplins et « bricole » des scénarios inspirés de sa vie quotidienne ou de fictions télévisuelles. Ni l'un ni l'autre n'ont eu la chance de comprendre ce que lire veut dire ; et, lorsque l'on ne sait pas ce que lire veut dire, la lecture devient alors une activité sans objet.

Voici deux profils opposés de « lecteurs fourvoyés » dans des comportements qui les privent l'un comme l'autre de cet acte proprement humain de partager respectueusement, à travers un texte, les pensées d'un Autre.

Lors d'une recherche sur les comportements de lecture de jeunes adultes en difficulté, nous recevions individuellement des jeunes gens de 18 à 20 ans à la caserne de Vincennes et leur proposions de lire un texte simple et court.

La porte s'ouvrit brutalement. Un jeune homme entra. Grand, ses cheveux blonds taillés en une brosse courte lui donnaient un air martial. Il pointait son regard bleu droit devant lui, un bon mètre au-dessus de moi qui me trouvais assis derrière un petit bureau métallique.

« Tarlé Gabriel », annonça-t-il d'une traite comme on se débarrasse d'une leçon difficilement apprise. Il se planta devant le bureau dans une sorte de garde-à-vous qu'il devait penser de circonstance. Je l'invitai à s'asseoir et lui tendis un petit texte ; je lui demandai de le lire afin qu'ensuite il puisse me dire ce qu'il en avait compris. Il se pencha en avant, les deux mains posées à plat de part et d'autre de la feuille, dans la position d'un haltérophile s'apprêtant à soulever une lourde barre. Le visage contracté par l'effort, il commença : « Le... les tr... tro... trois. » Il me jeta un coup d'œil furtif pour quêter mon approbation puis chercha désespérément l'endroit du texte où il devait reprendre. « Co... com... (il murmure « c'est ça : com ») pa... » Là, il buta, dérouté par le « gn ». Je lui soufflai : « Compagnons, c'est "compagnons" qu'il y a écrit. - Ah oui, oui ; c'est "-gnon". » Il sauta le mot suivant – « marchaient » – et reprit : « Dans... le... sa... sable. » Une lueur dans son regard indiqua qu'il avait reconnu le mot « sable ».

Il poursuivit ainsi sa marche trébuchante et courageuse pendant de longues minutes. Il n'était pas décidé à jeter l'éponge. Syllabe après syllabe, mot après mot, il avançait à tâtons en ne voyant jamais plus loin que le bout du segment. De loin en loin, il reconnaissait un mot qu'il répétait plusieurs fois avec satisfaction, comme lorsqu'on reconnaît un visage connu dans une foule anonyme. C'était un combat vain mais héroïque ;

d'autant plus héroïque qu'il ne promettait aucune issue heureuse, aucune issue du tout. Le sens ne serait pas au bout de l'effort, mais la tâche était exécutée en conscience avec le souci de prononcer juste, de produire les « bons bruits ». Labeur sans objet final, mais labeur respectable dans son morcellement, dans sa successivité, dans son opiniâtreté. Je le laissai donc poursuivre jusqu'à la fin ; le dernier mot du texte était « espérance » ; il le prononça sans émotion particulière, dans un ultime égrènement syllabique. Il leva les yeux et pour la première fois me regarda en face ; il était allé au bout ; il avait relevé le défi de grignoter, morceau par morceau, ce texte long de dix bonnes lignes et il n'était pas mécontent du labeur accompli.

Vers la fin de l'après-midi, la porte s'ouvrit doucement ; une tête brune passa par l'entrebâillement et une voix hésitante demanda si c'était bien là le bureau pour les illettrés. Je me dis que, décidément, le service d'accueil faisait bien mal son travail et je me promis d'aller leur dire deux mots. J'invitai le jeune homme à entrer, à s'asseoir et lui proposai un texte qui était présenté sous forme d'un article de journal ; c'était un fait divers qui racontait l'histoire d'un jeune homme, employé dans une pharmacie, qui avait une passion pour les soucoupes volantes. Il en construisait une en fil de fer et en prenait une photo. Mais, au laboratoire auquel il confia sa pellicule, un employé indélicat donna la photo aux journaux et, le lendemain, la presse locale titrait : « Une soucoupe volante atterrit dans notre ville. »

J'invitai donc le jeune homme à lire le petit texte afin qu'on en parlât ensuite ensemble. Pas un bruit, pas un murmure, pas le moindre son ; bouche close, il parcourait du regard le texte posé devant lui. Cela dura un peu plus d'une minute, puis il releva la tête et attendit. Je lui demandai :

– Alors, il parle de quoi cet article ?

Un petit instant de silence comme pour bien rassembler ses pensées, et :

–Voilà, ça se passe dans une pharmacie ; il y a un type qui rentre et qui demande des produits. Le pharmacien, il veut rien savoir ; alors il appelle la police...

Mon air stupéfait le fit s'interrompre :

– C'est pas bon ? C'est pas ça ?

– Eh bien, non ! Ça n'est pas tout à fait ce que raconte le journal.

– Bon, bon, je me suis trompé d'histoire. Alors, c'est l'histoire du type qui rentre dans le laboratoire pour voler des photos, des documents secrets, quoi. Et puis les autres, ils veulent les avoir, alors ils le tuent et il y a son nom dans le journal.

Il se tut et me regarda d'un air satisfait. Il semblait sûr de son coup. Celle-là, c'était la bonne histoire ; il y avait mis le laboratoire, les photos, le journal, il ne pouvait pas s'être trompé...

– Alors, ça va, là ? me demanda-t-il, un peu anxieux.

– C'est un peu mieux, me forçai-je à dire, sachant pourtant qu'en matière de lecture il n'y a pas de mieux, il n'y a que du juste.

Il se leva et sortit, trouvant sans doute que j'étais décidément bien difficile à contenter. Il est resté dans ma mémoire le « bricoleur de sens » s'opposant au « faiseur de bruit » qu'avait été mon « client » du matin.

La pire faute, j'oserais dire le plus grave péché d'un lecteur, c'est de trahir son auteur. Cela ne signifie pas que l'on doit interdire au lecteur toute audace d'interprétation ; mais la reconnaissance de *l'autorité de celui qui a écrit est essentielle* parce qu'elle conditionne la signification que l'on donne à l'acte « sacré » de transmission. Écrire n'est pas un geste anodin. Si un homme ou une femme a écrit, c'est avant tout pour laisser pour un autre qu'il ne connaît pas une trace de lui-même qui, espère-t-il, lui survivra. Écrire, c'est ainsi affirmer l'espoir que l'esprit existera pour quelqu'un lorsque le corps ne sera plus. C'est parce qu'un texte porte cet espoir spécifiquement humain que l'acte de lecture est certes éminemment personnel, mais en même temps scrupuleusement respectueux des directives de l'auteur. La question muette de l'auteur : « Serai-je compris comme j'espère l'être ? » est donc toujours présente au cœur de l'écriture d'un texte ; comme doit être présent son écho dans la tête du lecteur : « L'ai-je compris comme il espérait l'être ? » Parce qu'elle est incertaine, la lecture exige autant d'obéissance qu'elle propose de liberté interprétative ; on en accepte les devoirs, on y exerce des droits.

Nous sommes en fait passés d'un temps où les difficultés de lecture se manifestaient par un déchiffrage laborieux à un temps où les jeunes illettrés mettent le texte de côté, jettent l'auteur aux oubliettes pour affirmer la toute-puissance de leur imagination. Les premiers posaient un problème qu'une pédagogie adaptée pouvait corriger ; les seconds ont noué avec l'écrit un malentendu infiniment plus grave : un homme, une femme a écrit un texte ; il ou elle y a mis ses espoirs de se prolonger par la transmission ; cet appel, par incompétence ou désinvolture, non seulement ils n'y répondent pas, mais ils ne l'entendent même pas. Ces jeunes lisent mal, mais surtout ils ne savent pas ce que lire veut dire, parce que ni l'école ni la famille ne le leur ont appris.

Sans labeur, pas de plaisir !

L'école et la famille sont-elles, comme nous le serinent certains journalistes et responsables bien intentionnés, des lieux où règnent la peur et la frustration contrairement à des systèmes étrangers (ah ! la si douce méthode danoise...) où l'école et la famille seraient un lieu de joie et de bonheur sans notes ni fessée... ? Nos enfants seraient donc maltraités, terrorisés, contraints à des épreuves épuisantes et à une sélection traumatisante. Bien entendu, il n'en est rien ! Mais cette récente tendance à dénoncer le caractère tyrannique de notre éducation est dans la droite ligne de l'idée selon laquelle *le plaisir d'apprendre serait la clé de tout apprentissage*. Toute exigence, toute évaluation quantifiée étant par contre synonymes d'une intolérable stigmatisation des plus faibles et des plus fragiles. L'Éducation nationale s'est ainsi récemment mis en tête qu'il fallait supprimer les notes afin de ne pas décourager les élèves qui font des fautes. Qui donc nous fera croire qu'il suffirait de ne plus quantifier les difficultés d'apprentissage pour régler le problème de l'échec scolaire et du désenchantement qui touche une bonne part des élèves ! Évidemment la mesure est tentante ! Supprimer les notes ne coûte rien, et, en plus, on occupe le terrain médiatique en donnant l'impression d'avoir fait quelque chose d'utile et de concret. Et enfin nous dit-on : « Braves gens, regardez donc les résultats de pays qui ont suivi cette voie, ils sont mieux classés que nous ! » Pauvre argument qui néglige notamment la différence de qualité de la formation des maîtres si médiocre chez nous. Incompétence ou cynisme, nos responsables, dépassés par la faillite de notre système, sont prêts à s'accrocher à n'importe quel gadget et nous racontent n'importe quoi !

Apparent paradoxe, à mesure que l'échec scolaire s'est fait plus évident, s'est installée aussi l'idée que le plaisir devait être consubstantiel de toute démarche d'apprentissage réussie. Les élèves devraient donc apprendre sans même en avoir conscience, de façon « naturelle » : bébés nageurs lancés dans la piscine tiédie des savoirs… À l'opposé, l'obscur labeur a été dénoncé comme responsable de l'échec scolaire et de la désaffection des élèves. L'idée d'apprendre sans souffrir exagérément et sans s'ennuyer prodigieusement n'est certes pas sans intérêt ; mais faire du plaisir la condition *sine qua non* de toute démarche d'apprentissage paraît au moins exagéré et parfois dangereux. On constate aujourd'hui que l'affirmation du primat du plaisir a produit au cours de ces dernières années des effets extrêmement pervers et a induit des pratiques pédagogiques qui, loin de lutter contre l'échec scolaire, ont eu plutôt tendance à l'aggraver.

Prenons le cas de l'orthographe. En février 2007, Manesse et Cogis ont montré que les élèves d'aujourd'hui avaient deux années scolaires de retard en orthographe par rapport aux élèves d'il y a vingt ans. Les collégiens de 5e de 2007 étaient au niveau des CM2 de 1987. La maîtrise orthographique, surtout en orthographe grammaticale, a donc chuté indéniablement. J'ai moi-même compté lors de ces cinq dernières années les fautes d'orthographe dans les copies de l'examen sanctionnant mon cours de licence de linguistique à Paris-Descartes. Sur les quelque 500 copies corrigées, plus de 70 % révélaient une moyenne de 8 fautes d'orthographe par page. Chose plus grave encore : 40 % de ces fautes étaient de nature grammaticale : accords, morphologie verbale… J'essaie, bien sûr, de donner priorité à la cohérence du contenu plus qu'à la forme des mots, mais, lorsque la chaîne des accords se trouve systématiquement brisée, lorsque « c'est » remplace sans vergogne « ses », c'est l'articulation même de la pensée qui se trouve brouillée. Devant ce désastre, l'idée géniale que nous proposent aujourd'hui certains responsables du ministère de l'Éducation est de récompenser le mot bien écrit en passant sous silence les erreurs commises. En bref, la note attribuée révélera le nombre de mots écrits correctement et effacera pudiquement le nombre de mots mal orthographiés. On remplacerait donc l'exigence par la complaisance afin de ne pas stigmatiser les élèves en difficulté. Ces bons apôtres oublient que d'une façon générale la non-prise en compte de l'erreur comme fondement de l'apprentissage pénalise les élèves les plus faibles. Maquiller les fautes, truquer les résultats ne sert à rien ! Le maître ou la maîtresse n'est pas là pour être « gentil », il doit témoigner à chacun de ses élèves non de la compassion mais un accompagnement lucide et bienveillant et surtout lui montrer qu'il a pour chacun une égale ambition.

Dans un autre domaine, celui de l'apprentissage de la lecture, on a aussi *confondu le plaisir de lire avec le plaisir d'apprendre à lire.* Pour « faire plaisir » à un enfant, on fait semblant de croire – et on lui fait croire – qu'il sait lire alors qu'il en est encore incapable. Ce n'est pas parce qu'il suit les lignes avec son doigt en manifestant une apparente attention aux mots de son texte qu'il le lit. Non ! Il le connaît simplement par cœur ; et si un mot changeait, il ne s'en apercevrait vraisemblablement pas. Lire – faut-il le préciser ? – c'est être capable d'identifier et de comprendre un mot que l'on n'a jamais rencontré auparavant ; et cette capacité exige que l'on ait maîtrisé avec patience et parfois difficulté les mécanismes qui permettent au code écrit de fonctionner. Rien n'est plus dangereux que de faire croire à un enfant qu'il sait lire alors qu'il ne possède aucune autonomie de lecture. Il faut au contraire qu'il accepte le fait que le plaisir de lire est au bout du chemin d'un apprentissage qui sera parfois aride, parfois répétitif mais qui lui donnera le pouvoir de conquérir tout seul le sens d'un texte.

La bataille stupide entre déchiffrer et comprendre

Pendant ces trente dernières années, certains ont tenté de faire croire aux instituteurs du cours préparatoire que le grand ennemi de la lecture était le déchiffrage : c'était, disait-on, parce que l'on obligeait ces malheureux élèves à établir des liens entre les lettres qu'ils découvraient et les sons qui leur correspondaient que certains en restaient au stade de l'ânonnement besogneux privé de sens. En bref, c'est parce que l'on aurait différé la compréhension immédiate en les obligeant à dominer d'abord les mécanismes de la lecture que l'on en ferait de futurs illettrés. Cette supercherie s'énonçait sur le plan idéologique de la façon suivante : « *Si les enfants de bourgeois comprennent alors que les fils d'ouvriers ânonnent, c'est parce que l'école, dans sa volonté têtue de reproduction sociale, ne forme les seconds qu'au déchiffrement privé de sens.* » Cette affirmation a conduit à faire de la maîtrise des mécanismes du code écrit l'ennemie jurée de la « lecture intelligente ». Dénoncée aujourd'hui par l'immense majorité des recherches sérieuses, cette croisade de trente années a eu des résultats catastrophiques sur les performances des élèves en France. Il faut savoir qu'en français tout apprenti lecteur peut apprendre, sans risque de se tromper, à établir les relations de 85 % des lettres qui composent les mots avec les sons qui leur correspondent respectivement.

Lors de l'apprentissage de la lecture, apprendre à associer les lettres ou groupes de lettres aux sons qui leur correspondent dans la langue orale constitue donc un savoir-faire nécessaire car c'est ce qui permet à un enfant de pouvoir identifier un mot qu'il n'a encore jamais lu.

Mais savoir produire la forme orale d'un mot écrit ne garantit nullement que l'on en comprenne le sens. En effet, la connaissance des correspondances entre lettres et sons n'a qu'un seul but : lui permettre d'interroger le dictionnaire de mots oraux qu'il a construit de zéro à six ans avant d'apprendre à lire. L'accès au sens dépend donc directement de la richesse du vocabulaire que l'enfant a su emmagasiner lors de son apprentissage du langage. Plus son dictionnaire mental est riche et précis et plus le déchiffrage est efficace pour faire du sens ; plus son stock lexical est réduit et plus le déchiffrage ne produit que du bruit.

Prenons un exemple : Un enfant n'a encore jamais lu le mot « oranger » ; mais il a appris, parce qu'on le lui a enseigné, que chacune des lettres ou groupe de lettres correspondent respectivement à un son de la langue, et ce dans un ordre et une combinaison particuliers. Il va donc, pas à pas, construire le signifiant phonique du mot ; non pas pour « faire le bon bruit » correspondant à la combinaison graphique, mais parce que la combinaison de sons reconstituée représente pour lui la clé d'accès au sens. En effet, en découvrant sous les sept lettres « d'oranger » les cinq sons /o.r.âj.é/ dans leur arrangement syllabique, il va pouvoir interroger son « dictionnaire mental oral », afin d'obtenir le sens qui correspond à cette combinaison phonique. En d'autres termes, le « bruit du mot » ainsi reconstitué lui permet de s'adresser à ce dictionnaire mental, qui est celui qui lui permet de comprendre les discours oraux, en lui demandant : « Y a-t-il un abonné au numéro que je demande ? », et ce dictionnaire lui livrera le sens du mot écrit qu'il vient de découvrir, sans qu'aucun adulte intervienne.

On comprend alors l'importance décisive de la quantité et de la qualité du vocabulaire qu'un enfant possède avant qu'il apprenne à lire. Si, comme c'est le cas pour certains (11 à 12 %), un enfant ne possède qu'un nombre très restreint de mots souvent peu précis, alors son dictionnaire mental lui répondra le plus souvent : « Il n'y a pas d'abonné au numéro que tu as demandé. » Et à force de ne pas recevoir de réponse à sa question, l'enfant risque d'en déduire « qu'il n'y a jamais d'abonné », c'est-à-dire qu'il n'y a aucun sens derrière le bruit qu'il a construit.

Ce n'est donc pas le fait de déchiffrer qui est responsable d'une lecture dépourvue d'accès au sens, mais c'est le déficit du vocabulaire oral qui empêchera certains enfants d'accéder au sens des mots écrits. Travail patient et obstiné pour enrichir le vocabulaire des enfants et notamment les moins favorisés ; manipulation précise des mécanismes de la lecture pour reconstituer la forme phonique du mot ; c'est dans le labeur que se gagne la bataille de la lecture et non dans une approche idéo-visuelle qui, sous prétexte de plaisir immédiat, conduira bien des élèves à une impasse.

La confusion perverse entre règles et abus de pouvoir

Il faut cesser de confondre avec complaisance « règles » et « interdits » ! Si certains peuvent se sentir frustrés de ne pouvoir dépasser la vitesse autorisée ou de ne pas pouvoir fumer en paix à la terrasse d'un café, devoir positionner le sujet avant le verbe ou devoir se lever lorsque le maître entre dans la classe ne saurait entrainer la moindre exaspération. C'est toute la différence entre des interdictions dont on peut discuter le bien-fondé et des règles qui sont le résultat d'une convention acceptée par tous. La règle de grammaire n'interdit rien, elle nous permet de nous comprendre. Bien mieux, elle donne la liberté magnifique d'exprimer sa pensée au plus juste de ses intentions. Se lever à l'entrée du maître n'est pas un acte de soumission insupportable ; cela signifie qu'un élève reconnaît tout simplement le statut de l'enseignant et qu'il assume le sien. Cette regrettable confusion entre règles nécessaires et interdictions parfois contestables a alimenté les petites lâchetés dans lesquelles s'est complu l'éducation au cours des quarante dernières années ; lâchetés qui détournèrent bien des élèves du respect des règles et conventions et sapèrent l'autorité du maître d'école.

Cessons aussi de confondre avec trop de hâte « arbitraire » et « abus de pouvoir ». Un tyran est quelqu'un qui impose au peuple des abus qui tous sont à son propre avantage ou à celui des oligarques qui confortent son pouvoir. Les contraintes qu'il impose ne sont en aucun cas arbitraires, elles sont au contraire motivées par la volonté d'asservir les citoyens et de servir ses propres intérêts. D'une tout autre nature sont les règles arbitraires : *elles ne divisent pas, elles rassemblent.* La langue comme le code mathématique et bien d'autres systèmes est fondée sur le principe de l'arbitraire du signe : que les mots soient oraux ou qu'ils soient écrits, rien ni personne ne peut expliquer pourquoi tel sens est porté par telle combinaison de sons, ou par telle suite de lettres plutôt que par une autre. N'en déplaise à certains cratyléens de salon, aucune démonstration sérieuse n'a pu établir un lien de nécessité entre la forme d'un mot écrit ou prononcé et le sens qu'il évoque. Il faut donc accepter l'arbitraire entre forme et sens comme le fondement du fonctionnement des langues, et éviter d'entrer dans une discussion oiseuse sur une pseudo-logique des mots à être ce qu'ils sont. Loin d'être tyranniques, les règles arbitraires partagées par convention collective libèrent l'esprit et assurent un juste échange de nos pensées.

Les règles arbitraires sont aujourd'hui considérées par certains « pédagogistes » comme l'instrument cruel de l'exclusion des élèves les moins favorisés : si l'on ne peut expliquer (et donc découvrir) pourquoi un mot s'écrit ainsi et pas autrement, alors il devient abusif et « stigmatisant » d'en apprendre l'orthographe ; si l'on ne peut expliquer la relation entre le fait de se lever et le témoignage de respect dû au maître, pourquoi ne pas alors choisir d'agiter sa casquette ou de brandir son majeur ? On comprend bien qu'inviter un élève à se demander pourquoi le sujet se place avant le verbe et le COD après n'a strictement aucun intérêt. Pire, c'est le déstabiliser en l'incitant à se poser des questions auxquelles il n'existe aucune autre réponse que : « Parce qu'il en est ainsi ! » Les règles de trois, de grammaire ou de comportement ne s'inventent pas, elles sont *conventionnelles et non discutables* ; elles soutiennent la pensée comme elles nous tiennent ensemble.

Une fois acquises, elles permettent à l'élève de faire donner à plein son intelligence, son imagination et son esprit critique face à des contenus qu'il a alors les moyens de dominer. La seule réponse que l'on peut faire à un élève concernant l'arbitraire de l'orthographe, par exemple, est la suivante : « *Si chaque mot a une forme unique et constante, c'est parce que tu n'écris pas pour toi, mais pour un autre. Cet autre écrira à son tour pour toi. Il est indispensable que vous vous compreniez et, donc, que vous vous mettiez d'accord une fois pour toutes sur l'orthographe d'un mot, et cette orthographe tu dois la respecter pour toi et pour l'autre.* »

Éduquer un enfant, ce n'est certainement pas l'inviter à s'en remettre à son propre instinct en espérant qu'il tombe de temps en temps sur le juste comportement intellectuel ou social. C'est, au contraire, lui donner les clés des codes arbitraires en lui faisant accepter qu'ils sont arbitraires et qu'il faut qu'ils le soient. Et ces clés ne s'inventent pas, elles sont *conventionnelles et non discutables* ; elles sont les instruments de notre pensée et nous permettent de vivre ensemble. Une fois acquises, elles permettent à l'élève de faire donner à plein son intelligence, son imagination et son esprit critique face des situations qu'il a alors les moyens de dominer.

Le numérique, la grande illusion éducative

Ne rêvons pas d'une classe où chaque élève disposerait d'un écran tactile et dans laquelle un maître virtuose du clavier *et d'une grande discrétion* gérerait d'un clic le parcours de chacun. Cette classe rêvée n'existe pas ! Du moins pas encore et… sans doute en est-il mieux ainsi. Nous devons aujourd'hui faire des choix qui correspondent à la situation réelle des écoles : *la majorité des classes ne dispose que d'un ordinateur en fond de classe, parfois d'un TBI pour l'école tout entière.* Entre le « tout numérique », aujourd'hui illusoire et dangereux, et le « tout papier » devenu insuffisant, nous devons, pendant les années qui viennent, assigner au numérique une priorité : permettre de mieux prendre en compte les capacités et les besoins de chacun des élèves. Faciliter la gestion et l'analyse des évaluations par compétences, rendre simple la distribution des élèves selon leurs difficultés respectives, donner de la pertinence au choix de pistes de remédiation adaptées, permettre le suivi annuel et pluriannuel de chaque élève et enfin assurer le tutorat et la formation à distance des maîtres, telles sont les voies dans lesquelles le numérique peut apporter *aux enseignants* une aide efficace. Par contre, refusons donc cette course folle à la création d'applications de plus en plus dispersées qui ne construisent rien de cohérent ; refusons ce rêve d'une classe dans laquelle chaque élève irait chercher tout seul ses informations au gré de ses désirs, de ses envies ou des tentations qui lui sont proposées.

Certes, les classes seront sans doute en 2030 mieux dotées en outils numériques plus nombreux et plus sophistiqués. Mais l'usage généralisé des écrans individuels dans la classe, s'il survient un jour, ne devra en aucun cas dénaturer la mission magistrale ni remplacer le talent pédagogique : à chaque articulation de sa démarche, le maître, aujourd'hui comme demain, devra *garder la main*. L'effort des concepteurs d'outils doit donc porter sur la construction de dispositifs qui *utilisent les formidables capacités du numérique pour mieux « faire la classe » sans, en aucun cas, remettre en cause notre modèle magistral de transmission.* Il est vain et coûteux de se lancer dans une « course aux armements numériques » qui multiplie des applications et des fonctionnalités de plus en plus sophistiquées et de plus en plus inutiles qui découragent les meilleures volontés des pédagogues. *Définir des modèles de compatibilité entre un accompagnement magistral attentif, lucide et ferme et l'usage pertinent de ressources numériques chaque jour plus performantes et plus séduisantes, tel est l'objectif d'une école moderne et raisonnable.* Un écran n'est qu'un écran ! Même s'il s'y passe des choses étonnantes et attirantes, jamais il ne remplacera le regard attentif d'un adulte guettant dans l'œil d'un élève l'étincelle de compréhension ou l'anxiété de l'erreur.

La mission du numérique est de répondre en actes à la seule question qui compte aujourd'hui : « Peut-on croire encore en une école ambitieuse qui permette aux plus défavorisés de "forcer" leur chance ? » Il doit donc renforcer *le pouvoir de résilience de l'école.* Son usage doit aiguiser l'attention que le maître porte aux plus fragiles de ses élèves, renforcer l'ambition et l'exigence qu'il signifie aux plus démunis et lui permettre enfin d'accompagner avec exigence et bienveillance ceux qui n'ont reçu jusque-là que silence et indifférence. Loin de faire du maître un « gentil animateur » en le mettant en retrait de l'acte pédagogique, le numérique doit au contraire *renforcer sa place au centre exact de l'acte d'enseignement* en lui permettant de prendre en compte, au plus juste, la singularité de chacune des intelligences qui lui est confiée. Aujourd'hui, une véritable faille culturelle, linguistique et sociale fracture et pervertit notre école. C'est cette fracture que l'usage du numérique doit s'efforcer de réduire ; non pas en distribuant « larga manu » tablettes et ordinateurs aux élèves mais en proposant à tous nos maîtres des dispositifs en ligne adaptés à leurs pratiques quotidiennes qui leur permettent de repérer et d'identifier les difficultés spécifiques de chaque élève afin de *développer une pédagogie différenciée* avec plus de lucidité et d'efficacité.

Traduire de façon simpliste le « manuel papier » en contenus dématérialisés est une idée sans intérêt pédagogique qui risque d'entraîner désordre et confusion. Le manuel de lecture, de mathématiques ou de grammaire a l'avantage considérable de proposer ou plutôt d'imposer une *progression claire et explicite.* Un manuel préconise de commencer par le plus simple pour aller vers le plus complexe ; il prévoit des enchaînements logiques ; il obéit à une chronologie précise. En bref, le manuel est la colonne vertébrale d'un enseignement maîtrisé. Le remplacer par des ressources dématérialisées que les maîtres feraient apparaître à l'occasion, sans réelle progression, nierait le sens même de la pédagogie. Dans l'état où se trouve la formation de nos maîtres aujourd'hui, les conséquences d'une dématérialisation générale des savoirs font frémir. Quand on constate l'immense gâchis qu'a entraîné l'usage intempestif de la photocopie, on imagine le chaos qu'induirait un « bris-collage » de textes et de documents numériques glanés ici ou là sur le Net. Faut-il pour autant se priver de la formidable richesse et de l'incomparable souplesse du numérique ? Certes pas ! Mais l'avenir appartient à ceux qui sauront associer intelligemment la rigueur du manuel à la flexibilité du numérique : c'est le manuel qui doit garder la responsabilité de proposer, dans le respect d'une stricte progression pédagogique, la découverte des règles qui forment un jeune esprit à la rigueur et à la cohérence. Le numérique, lui, donnera à cette démarche organisée richesse, flexibilité et ouverture. En d'autres termes, c'est au manuel de prévoir les endroits précis de sa progression où des *tremplins numériques* donneront accès à des documents et à des animations qui éclaireront un moment précis de la démarche d'enseignement *sans jamais la perturber*. Ne forçons pas nos enseignants à faire des choix brutaux et dichotomiques sous le prétexte fallacieux de ne pas rater le train du progrès technologique. Sachons *allier l'ordre et la progression des pages des livres scolaires aux formidables capacités d'illustration des ressources numériques*; faisons-le sans illusions excessives et sans préjugés archaïques.

La francophonie ou comment nous avons prolongé nos erreurs historiques

Selon les multiples organismes censés s'occuper de la francophonie, 200 millions de personnes parleraient français dans le monde. Ce qui situerait la francophonie au neuvième rang des communautés linguistiques. On nous affirme aussi que plus de 80 millions de personnes apprennent le français dans le monde; ce qui en ferait la langue la plus enseignée avec l'anglais. Mais lorsque l'on examine de plus près les rapports des différentes agences dont la francophonie constitue le « fonds de commerce », on découvre que ce chiffrage avantageux est pour le moins questionnable. L'Organisation internationale de la francophonie nous rappelle ainsi, en 2009, que l'ensemble des évaluations ne sont que « des estimations qu'aucune étude scientifique ne valide ». Mieux encore, lorsque l'on questionne le mode de recueil des données, notamment dans les pays d'Afrique subsaharienne et de la Caraïbe, on s'aperçoit qu'il s'agit de déclarations de personnes qui, lors des recensements, disent « connaître » le français. Tout cela n'empêche pas les différents rapports officiels de vanter une augmentation significative du nombre de francophones qu'ils qualifient pudiquement de « partiels ».

Nous avons depuis des lustres créé des ministères de la Francophonie, des délégations à la francophonie, des agences de la francophonie aussi inutiles que coûteux. Nous entretenons à grands frais des organisations internationales qui ne changent rien au destin éducatif et social des populations de ces pays que nous nous obstinons à dire francophones. Des hommes politiques et de hauts fonctionnaires sillonnent le monde, des colloques où l'on se congratule entre deux gueuletons sont organisés de façon répétitive, des revues de médiocre valeur se complaisent à présenter la merveilleuse diversité des parlers français à travers le monde. Et pendant ce temps, des pays dits francophones voient leurs systèmes éducatifs tomber en ruine, tandis que leurs populations, de moins en moins capables de parler français, s'enlisent dans un analphabétisme endémique qui interdit tout espoir de développement et de libre pensée.

Prenons l'exemple d'Haïti. Haïti compte au bas mot 95 % d'analphabètes. Or, dans ce pays comme dans d'autres en Afrique, *analphabète rime avec non francophone*. Considérez le cas du Sénégal. Ce pays, berceau de la francophonie africaine, compte au moins 65 % d'analphabètes. Cela signifie que le nombre des francophones ne saurait dépasser 30 % ; l'immense majorité ne parle que serrer ou wolof. Un dernier exemple avec le Maroc. Plus de 50 % d'analphabètes et donc une maîtrise quasi nulle de la langue française pour plus de la moitié de la population qui ne parle qu'arabe dialectal ou berbère.

Au lieu de se raconter l'histoire fantasmée d'une francophonie triomphante, la France a aujourd'hui le devoir de contribuer au combat contre l'analphabétisme au Maroc, en Algérie, au Sénégal et dans toute la « francophonie du Sud ». C'est là un devoir historique, *car il nous faut refuser que la langue française, que nous avons jadis imposée dans ces pays, devienne aujourd'hui complice de l'inégalité sociale et de l'échec scolaire.* Alors qu'il faudrait mettre le paquet sur le développement des écoles maternelles et sur la formation à distance des maîtres, notre coopération a entrepris récemment d'arroser (à tous les sens du terme) de tableaux blancs numériques les écoles africaines. Peu importe que ces TBI ne résistent que quelques mois aux conditions de leur utilisation, si jamais ils sont utilisés... ! Peu importe que l'électricité fasse défaut dans la plupart des écoles rurales ! On aura au moins quelque chose à montrer aux médias et des responsables locaux complaisants pourront faire croire que le numérique peut vaincre à lui tout seul l'analphabétisme. Les maîtres sont quasiment illettrés ? Aucun problème, le tableau numérique les remplacera. Les manuels sont désuets, voire inexistants ? Qu'importe, Internet donnera accès à tout le savoir du monde. Sous le masque de la modernité technologique, notre politique de coopération tente de dissimuler incompétence et complaisance. La promesse technologique ne changera rien à la faillite de l'école marocaine, algérienne, sénégalaise... Elle ne constitue qu'un leurre qui tente de cacher le renoncement des responsables nationaux à former intellectuellement les élèves. Elle cherche aussi à maquiller l'échec d'une coopération française inefficace et cynique. Cette collusion prive les jeunes Algériens, Marocains, Sénégalais… de tout espoir d'agir utilement et pacifiquement sur leur propre monde. Leur école, leur seul espoir, les livre aujourd'hui sans résistance intellectuelle à un monde dangereux dans lequel ils ne savent pas dénoncer les propositions des passeurs cupides et des prédateurs d'âmes qui, les uns comme les autres, les conduiront à la désillusion, à la prison ou à la mort.

École, famille, le grand malentendu

Vos enfants m'intéressent !

Progressivement s'est creusé entre certaines familles et certains responsables de l'éducation un fossé à la fois culturel et idéologique. Pour certaines familles, une forme de malaise vis-à-vis de l'école s'est installée, nourrie par l'idée que l'école chercherait très tôt à soustraire les enfants aux croyances et aux traditions familiales pour leur en inculquer d'autres, devenues objets de suspicion. C'est ainsi que la rumeur à propos de l'application de la théorie du genre à l'école s'est répandue très vite et bien au-delà des familles les plus traditionnelles. Nous savons bien que radicalistes et extrémistes cherchent à discréditer l'école pour installer d'autres valeurs et d'autres croyances que celles de la République, et il faut que tous nous soyons d'une vigilance sans faille. Mais il faut aussi que les laïcs que nous sommes repoussent *l'idée selon laquelle l'école de la République aurait pour mission de détacher au plus tôt les petits enfants de l'influence familiale, car une telle idée est dangereuse et perverse.* La famille, quelle qu'en soit la structure, est une courroie de transmission indispensable tant du point de vue culturel que religieux ou politique. Elle permet à l'enfant de se construire grâce à elle et aussi contre elle. L'école, fût-elle de la République, n'est pas faite pour formater des citoyens selon les normes d'un catéchisme républicain qui effacerait les mémoires et les modes culturels familiaux. Sa mission est de tenir ferme la barre des valeurs universelles et des savoirs établis et de donner à chaque élève les moyens intellectuels d'analyser et de critiquer sans crainte et avec rigueur textes, discours et comportements. Il n'entre pas dans ses attributions d'imposer des croyances ou des convictions idéologiques.

On fait quoi des petits enfants ?

Aujourd'hui, le temps est à l'impatience ; aussitôt nés, il faut cultiver activement les jeunes intelligences, développer énergiquement leurs capacités logiques, et attiser leurs appétits artistiques. Très tôt, il faut les précipiter dans des activités éducatives et culturelles afin de multiplier leurs chances de réussite et parfois pour se dédouaner de ne pas leur consacrer toute l'attention et la disponibilité auxquelles ils ont droit. Une des mutations les plus importantes de notre société tient au fait que les familles sont amenées à confier beaucoup plus tôt qu'auparavant leurs enfants à d'autres. Il ne s'agit pas de le déplorer ; il est vain de regretter avec nostalgie l'heureux temps où tous les petits enfants bénéficiaient plus longtemps de la chaleur du foyer familial. La seule question qui mérite aujourd'hui d'être posée est la suivante : « *Comment assurer, à un moment crucial du développement d'un enfant, une qualité de médiation qui lui donne les meilleures chances d'épanouissement ?* » Et son corollaire : « Est-ce à l'État de prendre en charge la médiation attentive et éminemment individuelle dont le tout jeune enfant a un absolu besoin ? »

Parlons clair ! La conquête par les femmes des postes de responsabilités au plan professionnel, associatif et politique est sans aucun doute la meilleure chose qui pouvait arriver à notre société tout entière. Encore faut-il que cette émancipation soit accompagnée de mesures sociales telles qu'une mère ne soit pas déchirée entre des obligations professionnelles exigeantes et sa volonté de donner à son enfant le temps d'affection, d'écoute et de compréhension qu'elle sait indispensable. Nous, pères, maris ou compagnons, n'avons pas voulu ou su compenser la juste prise de responsabilités de nos compagnes ; dans la plupart des cas, nous n'avons rien ou très peu changé à nos ambitions professionnelles et à nos habitudes de vie. Et, pour couronner le tout, les grands-parents, en bien meilleure forme qu'auparavant et beaucoup plus sollicités, sont moins disponibles, et ne peuvent apporter à leurs petits-enfants la présence rassurante et apaisante de la « génération d'avant ». En bref, nous vivons une époque où la médiation familiale, pour les meilleures raisons du monde, s'affaiblit au moment où justement l'enfant en a le plus besoin. La question qui se pose alors est : Qui prend le relais ? Ou, en d'autres termes, que fait-on des petits enfants ?

Je voudrais dire ici combien il m'apparaît injuste et scandaleux qu'une femme ne puisse pas conjuguer avec sérénité son engagement professionnel et son rôle de mère. On ne peut pas condamner un enfant de deux ans à ne voir sa mère qu'une heure à peine par jour pendant la semaine ; on ne peut pas condamner une mère à laisser toute la journée son enfant à des gens qu'elle sait n'avoir que peu de temps à lui consacrer individuellement.

Il est bien beau de parler de parité, mais si cette juste cause n'est pas portée par des mesures qui garantissent aux femmes un équilibre serein entre maternité et responsabilité professionnelle, elle restera un simple mot d'ordre et cachera mal une très profonde injustice. Il en va de l'équilibre de nos compagnes et du destin intellectuel, psychologique et linguistique des enfants de ce pays.

Un sevrage intellectuel et affectif bâclé

Le degré d'épanouissement auquel parvient un enfant est directement fonction de la qualité de la médiation dont il a bénéficié dans ses premières années de vie. C'est au cours de moments privilégiés où toute leur attention lui est consacrée que sa mère et/ou son père vont l'aider à découvrir les relations au monde et à l'Autre. En effet, la première question à laquelle un petit enfant doit trouver une réponse est celle du « *pour quoi ?* » bien avant la recherche du « *comment ?* ». En matière de langage notamment, un enfant ne cherchera à s'emparer des moyens linguistiques que sont des mots nouveaux ou des outils grammaticaux précis que s'il voit se dessiner au loin et peu à peu prendre forme les véritables enjeux du langage : gagner un peu de pouvoir sur le monde et sur les autres. Ces enjeux, un petit enfant ne les découvre pas tout seul ; c'est à l'occasion des premiers échanges qu'on pourra lui montrer que la conquête du verbe mérite d'être tentée parce qu'il pourra en tirer un bénéfice personnel. *Un enfant n'apprend pas à parler en grandissant, c'est le langage qui le fait grandir.* Si un enfant n'apprend pas à parler tout seul, il ne se contente pas pour autant d'imiter les adultes, c'est la volonté de s'affirmer lui-même qui est son aiguillon pour conquérir le langage.

Il arrive souvent que des parents se posent la question suivante : « *Si mon fils (ou ma fille) me raconte quelque chose que je ne comprends pas ou que je comprends mal, faut-il que je le lui dise ?* » Ils ajoutent parfois : « *Est-ce que je ne risque pas de le bloquer, de lui faire perdre confiance ?* » À cette question, il faut répondre : « *Rien n'est pire que de faire croire à un enfant qu'on l'a compris lorsque cela n'est pas vrai.* » C'est le tromper et l'empêcher d'avancer. C'est lui dire que, en fait, sa parole ne compte pour rien ; que comprendre ce qu'il dit vous est indifférent. En matière d'apprentissage, l'imperfection révélée et analysée est un formidable moteur, à condition bien sûr d'accueillir ses tentatives maladroites avec autant de douceur que de fermeté. Il faut absolument savoir dire : « *Je n'ai pas compris.* »

Dire à un enfant qu'on ne l'a pas compris, c'est lui faire comprendre que, par-dessus tout, il vous importe de le comprendre. Vous lui signifiez que tous les deux *vous ne possédez pas une seule et même intelligence.* Vous ne vivez pas dans sa tête, non plus que ce dernier ne vit dans la vôtre. Vous ne pouvez donc voir dans la tête de votre enfant le film qu'il y projette. Chacun de vous possède une mémoire singulière. Vous n'avez pas vécu exactement les mêmes choses, assisté aux mêmes scènes, entendu les mêmes histoires. En lui disant : « Je n'ai pas compris », vous lui faites comprendre une chose essentielle : lui qui n'a que deux ans sait déjà des choses que vous ne savez pas encore ; et la langue est justement faite pour dire à quelqu'un d'autre ce qu'il ignore encore.

Votre enfant risque de ressentir de la déception et quelque irritation ; pour lui, si sa mère (ou son père) ne l'a pas compris, c'est peut-être parce qu'elle (ou il) y met de la mauvaise volonté. Cette distance intellectuelle que vous devez imposer à votre enfant ne doit donc en rien altérer l'immense affection que vous lui portez. Cette séparation intellectuelle nécessaire et parfois douloureuse doit se faire dans la tendresse et la bienveillance, et signifier clairement : « *Je brûle de te comprendre.* »

Il faudra donc lui préciser, par exemple, que vous n'étiez pas dans la classe lorsque la maîtresse a raconté l'histoire qu'il a tenté de vous narrer et que par conséquent vous ne pouvez pas deviner ce qu'il a dans sa tête. Acteurs et lieux ne s'inventent ni ne se créent par enchantement, ils se conçoivent et se construisent sur la base des directives de celui qui tient fermement la parole. Vous amènerez ainsi votre enfant à expliciter certains des éléments de son histoire afin que s'ouvrent, l'une après l'autre, les fenêtres qui en éclaireront le sens pour un autre. C'est donc à un véritable travail auquel doit se livrer votre petit enfant, encouragé, guidé par une mère bienveillante, mais d'une exigence sans faille. Un travail comparable à celui qu'effectuerait un sculpteur avec son ciseau, transformant coup après coup un morceau de bois informe en une représentation identifiable. Ce travail, votre petit l'a effectué non pas seulement pour vous faire plaisir, non pas pour vous obéir sous peine de punition, mais parce que les efforts qu'il a consentis pour mieux assurer sa parole lui donnent prise plus fermement sur les autres et sur le monde. En consentant pour vous un effort de précision, il renforce la conscience de sa propre existence et de l'existence d'un autre (vous), certes proche affectivement, cependant différent et distant. Ainsi, lorsque cet enfant voudra raconter l'histoire retravaillée à quelqu'un d'autre, il aura l'infinie satisfaction de pouvoir être compris au plus juste de ses intentions. L'enfant aura ainsi *la preuve tangible d'une influence accrue sur les autres qui légitime tous ses efforts de mise en mots justes et précis* et l'encourage au surpassement. Il est alors en marche vers la conquête du langage.

Mais il faut du courage, de la lucidité et infiniment d'attention pour procéder à la séparation des deux intelligences, afin que l'enfant puisse reconnaître la singularité de chacune d'elles. C'est à cette médiation à la fois bienveillante et exigeante qu'un enfant a droit. Qui, sinon la mère (et parfois, trop rarement, le père) sera à même d'affirmer à la fois un attachement affectif sans réserve et en même temps d'imposer une autonomie intellectuelle portée par la précision du langage ? Qui pourra assumer cette relation singulière, véritable mise au monde intellectuelle, si nos tout-petits sont abandonnés trop tôt à la froideur anonyme des institutions ?

Laissez venir à moi les petits enfants !

Lorsque l'école a décidé de « laisser venir à elle les petits enfants de deux ans », elle n'avait ni les lieux, ni surtout les femmes et les hommes capables d'accompagner les tout-petits dans leur développement linguistique, psychologique et affectif. Mais, il faut le reconnaître, elle a répondu légitimement à une demande sociale, urgente et forte, qu'aucun organisme ne prenait en charge. Encore eût-il fallu que les responsables de l'Éducation nationale comprissent qu'ils endossaient là une responsabilité majeure et qu'il était extrêmement grave de « faire avec les moyens du bord ». Ils n'ont pas pris conscience – ou n'ont pas voulu prendre conscience – que la mission nouvelle que l'on assignait à l'école maternelle ne pouvait se faire en opposition avec le rôle essentiel des parents. On nous dira que certains enfants de deux ans sont plus à l'abri dans une salle de classe que dans un milieu familial où les menacent indifférence et parfois maltraitance. Certes ! Mais l'école ne peut être qu'exceptionnellement et ponctuellement un lieu d'asile ; elle ne doit en aucune façon institutionnaliser cette fonction qui ne concerne d'ailleurs (et fort heureusement) qu'une toute petite minorité d'enfants.

Ni le calcul cynique qui a poussé certains à vouloir compenser une baisse démographique par une scolarisation précoce, ni l'indignation légitime devant la détresse et les dangers courus par certains enfants, ne justifient la création trop précoce d'un espace éducatif contre nature. Disons les choses clairement : l'école ne peut apporter une réponse satisfaisante et honorable à des enfants de deux ans qui n'y rencontrent pas une médiation qui les aide à envisager le rapport à l'Autre avec autant de confiance que de lucidité. Comment peut-on en effet imaginer que trente enfants réunis dans une salle de 50 à 60 m², confiés aux bons soins d'une institutrice qui n'a pas été formée pour cela, puissent trouver des conditions favorables à leur développement psychologique, linguistique et social ? L'école fournit ainsi une très mauvaise réponse à une vraie question posée par de profondes mutations culturelles et d'importantes transformations dans l'organisation familiale.

Dans de telles conditions, les dangers d'une scolarisation généralisée des enfants de deux ans sont sérieux. J'en retiendrai un qui touche directement au destin linguistique de ces enfants. Pour avancer sur le chemin de la maîtrise du langage, un enfant a absolument besoin qu'un adulte lui fasse progressivement découvrir ce que parler veut dire et comment s'approprier les outils du langage. Bienveillant et exigeant, le médiateur adulte analysera les échecs et les impasses et les transformera en conquêtes nouvelles. Il fournira peu à peu les moyens linguistiques nécessaires (vocabulaire, syntaxe…) pour que le jeune enfant puisse élargir le cercle des gens à qui il s'adresse et le cercle des choses à dire. Or – et c'est là le danger de la scolarisation trop précoce – ces jeunes enfants, groupés à trente avec une adulte qui pare au plus pressé de leurs besoins élémentaires, sont condamnés à apprendre à parler avec leurs pairs. Leur apprentissage s'effectue principalement (six à huit heures par jour) en interaction avec d'autres enfants de deux ans. Que l'on ne s'étonne pas ensuite de l'insécurité linguistique dans laquelle se trouvent certains enfants ! Et notamment ceux qui ne trouvent pas à la maison l'accompagnement attentif de parents qui sauront, lorsqu'il le faut, lui dire qu'ils ne l'ont pas compris, mais qu'il existe des moyens linguistiques de se faire comprendre. Car l'école à deux ans n'est pas la même pour tous : qu'y a-t-il de commun entre un petit enfant que sa mère dépose la mort dans l'âme à 7 h 30 le matin pour le récupérer à 18 heures et celui qui ne passe à l'école qu'une demi-journée de temps en temps pour… se socialiser ? C'est pour les premiers que la proposition actuelle de l'école est quasiment indécente.

Si l'on juge que l'école doit, par nécessité, apporter une réponse éducative massive aux besoins des enfants de deux ans, alors qu'on lui en donne véritablement les moyens : des lieux spécifiquement construits et aménagés pour ces jeunes enfants ; un effectif qui ne doit en aucun cas dépasser huit à dix enfants ; une formation appropriée donnée aux enseignants qui se dévoueront à cette mission. Mais nous savons bien (et ceux qui proposent la généralisation de l'école à deux ans le savent parfaitement) que ces conditions, bien trop coûteuses, ne serons jamais réunies. En tout état de cause, ce n'est pas là la véritable mission de l'école ! Il faut donc inventer des modèles nouveaux où chaque petit enfant soit accompagné et *sente qu'il compte pour quelqu'un*. Des modèles dont les familles soient partie prenante et n'aient pas le sentiment de livrer à des inconnus leurs rejetons en espérant seulement qu'il ne leur arrivera rien de fâcheux. Créons donc des crèches en nombre suffisant et notamment multiplions les crèches d'entreprises qui permettent aux parents salariés de passer un peu de temps avec leurs petits enfants. Formons sérieusement tous les personnels de la petite enfance. Proposons de vraies et justes mesures sociales pour permettre aux pères et aux mères de mieux accompagner les premières années de la vie de leurs enfants sans en payer le prix fort en matière de carrière professionnelle. Trouvons enfin avec les communes une distribution complémentaire raisonnable entre temps d'« éducation » et temps de « garde ». Et que l'on ne nous parle pas de coût ; toute allusion de cet ordre serait indigne quand le destin linguistique, culturel et social de nos enfants est en jeu.

Entre famille et école, divorce ou alliance ?

Entre des enseignants dont le professionnalisme est bafoué et des parents dont le sens des responsabilités est mis en cause, les relations sont plus que difficiles. Chaque camp, peu assuré de sa légitimité, oublieux des véritables enjeux de sa propre mission, observe l'autre avec suspicion et défiance. Parents et enseignants délèguent leurs responsabilités à des groupes corporatistes et syndicaux qui donnent l'illusion qu'un dialogue social existe, alors que la communication réelle est quasiment rompue entre chaque maître et les parents de chacun de ses élèves. L'école traverse aujourd'hui une période de très fortes turbulences ; des maîtres repliés derrière les portes de leurs classes seront donc parfaitement inefficaces et des parents vitupérant à toute occasion le seront tout autant. *Il faut qu'enseignants et parents se décident à conclure une alliance dans la sérénité et la transparence autour de principes partagés.*

Tous doivent comprendre que les promesses de l'école ne s'expriment pas en termes de rapide réussite sociale, encore moins en termes de notoriété et d'argent facile. En ce sens, l'école est à l'opposé de *Star Academy*, du Loto et des trafics en tout genre. Ce que les maîtres et les parents doivent se promettre, c'est d'essayer de faire en sorte que chaque élève-enfant devienne « *quelqu'un de bien* » : quelqu'un capable d'accueillir l'Autre avec autant de lucidité que de bienveillance, prêt à aller vers l'Autre avec autant de respect que d'exigence, soucieux de se construire sa propre opinion sur les choses du monde, avec rigueur et liberté d'esprit ; quelqu'un ayant le goût du savoir et de la découverte, le sens du beau et la conscience de sa relativité, l'obsession du vrai et la conscience de l'infinité de sa quête. De telles ambitions partagées dépassent de fort loin les querelles de programmes, de méthodes et de rythmes scolaires. Ce sont elles qui peuvent rassembler parents et enseignants, car elles induisent, à l'école comme à la maison, des conduites éducatives et des comportements pédagogiques, certes différents, mais nécessairement complémentaires. Il faut que tout le monde comprenne que l'écart s'est considérablement creusé entre ce que l'école propose en tant que valeurs, contenus et principes, et ce que la « culture ambiante » expose avec autant de cynisme que de séduction. Sur la base de ce constat, parents et enseignants doivent choisir leur camp ; on ne peut pas d'un côté faire de la téléculture le seul horizon familial et de l'autre se battre à l'école pour une formation intellectuelle exigeante. *Identifier ensemble les ennemis de nos enfants*, c'est franchir la première étape d'un engagement commun. Enseignants et parents doivent avoir en tête que l'élève et l'enfant sont une seule et même personne, sont une seule et même intelligence, ont une seule et même sensibilité. Chaque fois que l'on néglige, par lassitude ou indifférence, à la maison ou à l'école, d'accompagner l'élève-enfant dans sa découverte lucide des autres et du monde pour le livrer à des propositions dangereuses ou l'abandonner à des habitudes de passivité intellectuelle et physique, on renonce à ses responsabilités éducatives. Et que l'on ne vienne pas me dire que cela dépend du niveau social et culturel des familles ! C'est beaucoup trop facile. L'indifférence et le laisser-faire touchent toutes les catégories sociales ; et ce renoncement est encouragé par l'indifférence des enseignants pour tout ce qui se passe, une fois franchie la porte de l'école. Il est temps que parents et enseignants définissent ensemble, au sein de chaque établissement, les termes d'une *compatibilité culturelle entre l'école et la maison*. Ce sera difficile, il faudra que chacun, maîtres et parents, acceptent de s'exposer, de mettre en regard leurs habitudes culturelles respectives, de renoncer à leurs petites lâchetés quotidiennes confortables pour mettre la salubrité intellectuelle de l'élève-enfant au centre de leurs préoccupations. Si l'on ne parvient pas à créer cet espace culturel commun, on condamne certains élèves-enfants à considérer l'école comme une terre inconnue dont les coutumes et les exigences étranges seront de plus en plus contradictoires avec ce qu'ils vivent au-dehors.

Il faut en finir avec ces pseudo-rencontres où rien ne se dit et dont l'enfant est absent pour créer les conditions d'un véritable échange respectueux et exigeant entre un maître d'école et les parents de chacun de ces élèves. Il faudrait, par exemple, que soit rendue obligatoire l'inscription de chaque élève directement auprès de son instituteur et qu'à cette occasion on prenne le temps (au minimum dix minutes) pour que l'on se reconnaisse, les yeux dans les yeux ; pour que l'on se dise les choses essentielles sur cet élève-enfant : son comportement, sa santé, ses goûts, ses inquiétudes ; l'essentiel est que l'on se regarde, que l'on se parle, que l'on s'écoute et que l'enfant soit au cœur de l'échange. Oui, bien sûr ! Cela prendra du temps : quatre à cinq heures en tout, environ. Mais cela représente un prix dérisoire pour qu'en début d'année le maître d'école reconnaisse chaque parent et soit reconnu par eux. Que de contraintes ! diront certains enseignants et certains parents rameutés par leurs syndicats respectifs. Si véritablement, pour certains, cela représente d'insupportables obligations, ceux-là auraient mieux fait de choisir un autre métier ou de renoncer à avoir des enfants. En vérité, ce n'est certainement pas le temps qui fait défaut aux enseignants et aux parents, c'est bien plutôt la volonté et le courage de s'exposer les uns aux autres qui les rend les uns comme les autres réticents à une vraie relation d'individu à individu propre à construire ensemble l'avenir scolaire et social de chaque élève-enfant.

C'est enfin au couple parents et enseignants de créer les conditions d'une *éducation durable*. Si les savoirs et les savoir-faire que l'école tente de transmettre sont fragiles et éphémères, au point qu'ils s'évaporent aussitôt appris, c'est qu'ils n'ont pratiquement pas d'écho à la maison. Certes, dans les meilleurs des cas, on supervise les devoirs, mais le milieu familial n'est que très rarement un lieu où ce que l'on apprend à l'école est réinvesti dans des réflexions et des activités qui échappent à une stricte logique scolaire ; la maison n'est pas, ou plus, un lieu où les savoirs scolaires prennent du sens en permettant collectivement de s'interroger plus lucidement sur le monde. La famille leur fait parfois une place en termes de contrôle, mais elle les intègre fort peu à la vie familiale. Si l'on veut que dans la « culture familiale » la téléréalité ne soit pas le seul paradigme commun, il faut tenter de créer un continuum culturel entre l'école et la maison. Est-il ringard d'imaginer que régulièrement rendez-vous soit fixé pour que la famille (quelle que soit sa composition) lise en commun à haute voix un texte que l'école fait étudier à un des enfants ; que l'on en discute ; que l'on s'interroge ensemble sur son auteur ; que l'on élargisse la lecture de cet extrait… ? Est-il ridicule de prolonger l'étude scolaire d'un événement historique en le rapprochant d'un événement d'actualité ? Serait-ce perdre son temps de s'interroger ensemble sur tel phénomène examiné en classe afin de poursuivre son questionnement lors d'une promenade familiale… ?

Lorsque la légitimité du maître est mise en cause

Il est une interpellation qui met gravement en cause les principes républicains de notre école et détruit le sens même de sa mission de transmission. Lancée – et pas uniquement dans les quartiers – par bien des élèves et parfois par certains parents, elle s'adresse au maître dans les termes suivants : « *T'es qui toi pour me dire ce qui est beau ou ce qui est vrai ?* » Cette apostrophe manifeste une rupture profonde avec les valeurs et les savoirs de notre école. Elle met surtout en cause la légitimité du maître à transmettre le corpus de vérités et de beautés qui nous rassemblent ; et par conséquent elle annonce une possible soumission de certains élèves au premier prophète ou à la première idole venue.

De ce maître, dont on ne reconnaît ni la formation, ni les connaissances, ni l'expérience, la voix ne compte pas plus qu'une autre… et sans doute moins. On en est venu aujourd'hui à contester sa mission de transmettre un patrimoine commun de savoirs patiemment questionnés et un héritage culturel et moral que le temps a longuement filtré. Tout ce que dit le maître peut être ainsi soumis à une réfutation *a priori* ; non parce qu'on en aurait soigneusement observé et questionné le contenu, mais parce que cet homme « banalisé » est aujourd'hui suspecté de manipuler les esprits et les goûts pour défendre des valeurs d'un autre temps et imposer des « croyances » suspectes. Car c'est bien à des croyances qu'est parfois réduit ce qu'enseigne le maître : Victor Hugo, les lois de la gravitation, la théorie de l'évolution, les valeurs morales, Léonard de Vinci sont en effet devenus aux yeux de certains les offrandes votives de quelque religion éteinte dont les objets de culte prennent déjà la poussière dans des cryptes désertes et dont beaucoup espèrent que les derniers croyants auront bientôt disparu.

À ces croyances obsolètes et suspectes, certains voudraient que l'on en substitue d'autres plus attrayantes, plus « modernes », portées par d'autres prophètes, plus séduisants… plus radicaux. Prenons garde à ce que certains élèves et parents n'aillent chercher ailleurs leurs maîtres. La vérité, la beauté seraient alors attestées par celui dont la popularité (souvent éphémère) éblouit l'élève ou par celui dont la parole est un mot d'ordre identitaire rassurant. Si telle idole médiatique dit que la Terre est plate, pourquoi ne pas le croire ? Si tel prophète populaire et habile dénonce un bouc émissaire, c'est sans doute qu'il le mérite bien. Certains risquent donc d'aller chercher hors l'école leurs modèles, leurs guides et leurs symboles. Ils croiront en eux pour les pires raisons : *la notoriété, l'argent, l'appartenance ou tout simplement leurs vecteurs de diffusion.* La pire réponse serait que les maîtres de nos écoles cherchent à rivaliser en termes de séduction avec ces nouvelles idoles. Car ils perdraient la bataille et se perdraient eux-mêmes. Ils seraient condamnés à tenter d'offrir toujours plus de plaisir, toujours plus de complaisance, toujours plus de démagogie sans cependant jamais atteindre le niveau de rutilance, de facilité et de fulgurance des médias ni le charisme pervers des faux prophètes. Ce n'est certainement pas sur ce terrain que les maîtres doivent mener la résistance. Leur combat est celui des valeurs universelles : liberté de penser mais humilité devant le savoir établi, liberté de goût mais respect du chef-d'œuvre consacré, refus de toute emprise spirituelle mais tolérance des croyances et des coutumes de chacun.

Avouons-le, nous avons collectivement consenti à la banalisation et à l'affaiblissement du métier de maître d'école ou du moins n'y avons-nous pas résisté avec suffisamment de conviction. Beaucoup de nos concitoyens pensent ainsi qu'il ne faut pas être grand clerc pour apprendre à lire à un enfant, lui faire réciter ses tables de multiplication ou lui faire réviser ses règles de grammaire. Si un instituteur est aujourd'hui recruté à bac + 5, ne croyez pas que c'est parce que l'on aurait enfin reconnu la complexité de sa tâche ! Ce n'est en fait qu'une concession aux normes européennes et aux exigences des syndicats. Il existe aujourd'hui une fâcheuse tendance à croire que plus on s'occupe des petits, plus l'acte d'éducation est facile, alors qu'au contraire la formation des intelligences, la transmission des valeurs et des connaissances nécessitent des professionnels de tout premier ordre. Il ne suffit pas de savoir lire soi-même pour enseigner la lecture, il ne suffit pas de savoir compter pour donner le sens de la numération, de même qu'il ne suffit pas de savoir que la terre tourne pour en faire découvrir le principe à des enfants.

Peu considérés, peu soutenus, mal payés, nos maîtres d'école ont fini par se comporter comme des fonctionnaires comme les autres : soucieux de préserver les avantages acquis, privilégiant le confort à l'exigence pédagogique, choisissant le repli corporatiste plutôt que le dialogue parfois difficile avec les parents, préférant la routine à une formation continue de qualité. *Leur repli corporatiste est une triste réponse à l'absence de confiance des parents et de l'État dans l'école publique.* Il faut donc et de façon urgente donner à la nation des signes forts qui disent la place essentielle du maître dans notre société ; il faut obstinément rappeler que plus que jamais on compte sur lui pour transmettre notre patrimoine de valeurs culturelles, scientifiques et morales. Si nous voulons faire de nos enseignants des résistants à l'inculture et la passivité intellectuelle, il faut alors leur tenir un langage de vérité : leur dire qu'ils n'assurent pas simplement un service d'enseignement, mais qu'ils sont investis d'une *mission de formation des jeunes esprits.* Leur dire qu'ils sont *notre meilleur rempart contre la barbarie.* Leur dire que l'importance de cette mission mérite une valorisation sociale et financière significative parce qu'elle leur impose en retour un engagement sans faille, un dévouement constant et parfois même un certain sens du sacrifice.

La capitulation scolaire

Surtout pas de vagues !

Face aux dangers majeurs qui menacent notre intelligence collective, face aux défis difficiles que nous imposent les nouvelles technologies de l'information, face à l'affaiblissement préoccupant de la médiation familiale, l'école reste plus que jamais notre seul espoir. Mais peut-on croire encore en sa capacité de former les esprits des élèves, peut-on encore espérer qu'elle construise des citoyens résistants à l'inculture et à la passivité intellectuelles alors même que tout en dehors les y invite ? Force est de dire que le spectacle actuel d'une école complaisante et cruelle ne nous rend pas très optimistes.

Obsédés par la nécessité de prévenir les « mouvements » des profs et les manifs des étudiants – réputés extrêmement contagieuses en matière de désordre social – *ministres et administration se contentent mandat après mandat de négocier précautionneusement les conditions d'un statu quo de complaisance.* Et d'ailleurs, il faudrait inventer un nouveau terme : « le ministre pompier » pour caractériser ceux qui, de Bayrou à Lang en arrivant à Hamon, sont appelés régulièrement à la rescousse pour « calmer le jeu » lorsque le bateau de l'Éducation nationale tangue dangereusement. Alors que la population scolaire s'est transformée en profondeur, alors que l'image de l'école et de ses maîtres s'est terriblement détériorée, on s'arrange entre responsables et syndicats pour que rien ne change vraiment. En modifiant à peine la phrase du prince de Lampedusa, on pourrait dire qu'il faut bien donner l'illusion que les choses changent si l'on veut que tout reste pareil. On s'indigne des échecs programmés, on s'apitoie avec complaisance sur la cruauté de la vie scolaire, on maquille les résultats et pendant ce temps, année après année, 150 000 jeunes sortent du système scolaire dans un état proche de l'illettrisme et viennent renforcer les cohortes de jeunes chômeurs.

Si tout est joué à la naissance, autant fermer les écoles !

Il est une question à laquelle nous devons répondre avec franchise et lucidité car elle est *politique*, et non pas idéologique : « *Acceptons-nous que le destin scolaire et social d'un enfant soit scellé selon qu'il est né du bon ou du mauvais côté du périphérique, selon qu'il vit en zone urbaine ou rurale ou selon qu'il appartient à une famille culturellement favorisée ou non ?* » La réponse à une telle question dépasse de très loin les modes pédagogiques éphémères et les postures mondaines des « bobos » qui confondent complaisamment « talents » et « connaissances », « identité » et « patrimoine », sachant que leurs propres enfants sont, eux, du bon côté des connaissances et du patrimoine. Prendre position sur cette question permet de *distinguer les égoïstes hypocrites des humanistes généreux*. On trouve d'ailleurs les uns et les autres à droite comme à gauche.

Si l'on soutient que l'échec scolaire est totalement déterminé par la précarité et la marginalisation, à quoi bon inventer démarches et méthodes, changer le cursus et les programmes ou transformer la formation des enseignants ? Ce serait dire que tant que les inégalités économiques et culturelles ne seront pas corrigées, on ne pourra que tenter de gérer au mieux une machine scolaire vouée à fabriquer de la reproduction sociale. Il faudrait donc attendre tranquillement qu'une aube nouvelle se lève sur une société devenue égale et fraternelle et alors, alors seulement, « l'école juste » vaudrait la peine d'être construite. En attendant, nous nous contenterions de rendre les choses « vivables » en empilant réformette sur réformette, expérimentation sur expérimentation, commission sur commission tandis qu'à l'augmentation globale de moyens exigée par les syndicats, les responsables politiques répondraient ponctuellement par des négociations d'épiciers. Dans son immense majorité, le monde politique a progressivement perdu foi dans la capacité de l'école publique de dépasser les déterminismes sociaux ! Il a perdu collectivement confiance dans sa vertu, non pas de faire disparaître les inégalités individuelles et sociales, mais de refuser d'en être le reflet fidèle. Et dès lors que nos responsables politiques ont cessé de croire qu'une école ambitieuse pouvait permettre aux défavorisés de « forcer » leur chance, ils ont aussi cessé de faire de l'éducation leur priorité absolue, même si à l'occasion d'une convention ou d'une émission télévisée certains évoquent avec des trémolos dans la voix les hussards noirs de la République.

Si nous n'y prenons garde, ce sont les cyniques qui vont gagner : ceux qui pensent bêtement que tout peut continuer à l'identique. En acceptant que l'échec scolaire soit une fatalité, ils privent l'école de son sens et précipitent les plus fragiles de nos élèves dans les bras de ceux qui tenteront de transformer leurs frustrations en désespoir. L'école ne serait plus alors qu'*une obligation* pour les élèves et les parents, *une charge* pour l'État et *un job devenu banal* pour les profs. Obligation pour des élèves dont on devrait presque marchander la présence et obligation pour des parents menacés de sanctions financières ; charge pour l'État uniquement soucieux d'économies et d'affichage et enfin boulot comme un autre pour des maîtres qui tentent au quotidien d'en limiter les contraintes. « Je suis obligé d'aller à l'école mais je ne sais pas pourquoi », « J'ai l'obligation de mettre mon enfant à l'école mais j'en attends en retour des services », « Nous sommes contraints de faire des économies sur le budget de l'éducation… comme ailleurs ! », « J'ai l'obligation de faire un certain nombre d'heures mais… ne m'en demandez pas plus ! ». Telles sont aujourd'hui les complaintes respectives des « partenaires » de l'école de la République.

Il nous faut donc inscrire au cœur du projet politique d'éducation *le pouvoir de résilience de l'école*. Ce pouvoir signifie que l'attention singulière portée aux plus fragiles de nos élèves, l'ambition et l'exigence signifiées aux plus démunis et enfin l'accompagnement constant de ceux qui n'ont reçu que silence et indifférence ont la vertu d'élargir leur horizon d'espoir scolaire et social. Dans l'évaluation des systèmes éducatifs, le taux de résilience est devenu un indicateur de première importance au plan international. La France l'utilise fort peu et on comprend pourquoi : le pourcentage d'enfants résilients (élèves performants malgré un handicap socio-économique) y est de 8 % alors qu'il atteint 15 % en Corée, de 14 % en Finlande et qu'il dépasse 12 % dans bien des pays qui consacrent des moyens moins importants que nous à l'éducation. La route sera donc longue et difficile pour rejoindre les nations bien plus soucieuses que nous du destin de leurs enfants les moins chanceux. Nous ne gagnerons pas cette bataille nécessaire en exigeant aveuglément des moyens supplémentaires ou en tranchant tout aussi aveuglément dans le vif. Car ne l'oublions pas, *ce n'est pas l'augmentation des moyens qui induit les changements fertiles, c'est la mise en œuvre de changements utiles qui impose les moyens nécessaires.*

Comment on a fait passer la massification pour la démocratisation

Il fut un temps où la sélection était telle que l'on garantissait aux enseignants de leur « livrer » des classes, sinon homogènes, du moins raisonnablement hétérogènes : les « *milieux de classe* » étaient majoritaires et donnaient à l'ensemble une stabilité qui permettait d'avancer sans trop de chaos. Cette « hétérogénéité contrôlée » n'était pas simplement d'ordre social ; elle tenait au fait qu'une majorité d'élèves partageaient une certaine idée de l'école et étaient convaincus de la nécessité d'y venir. L'école était considérée comme un lieu particulier. On s'y comportait de façon particulière. On en acceptait les règles, on se soumettait à ses rituels par crainte plus que par plaisir, mais sans exaspération. En bref, les élèves entraient en petit nombre en 6e en possédant les rudiments de leur métier d'élèves. Ajoutons que la régularité des contrôles et l'exigence des examens imposaient aux programmes clarté et pérennité. On y acquérait une culture et des savoirs communs, certes assez stéréotypés et rigides, mais qui constituaient des repères partagés et des signes de reconnaissance endogènes. « Paris vaut bien une messe », « Roland de Roncevaux », « le vase de Soissons » ne constituaient certes pas un paradigme de savoirs d'une exceptionnelle qualité mais, tous, nous partagions ces clichés et surtout nous savions *où* nous les avions appris et *qui* nous les avait appris.

Lorsque s'est levée la barrière d'une sélection qui, reconnaissons-le, était injuste et cruelle, un nombre considérable d'enfants, auparavant écartés, se sont trouvés précipités dans un système qui n'était pas conçu pour eux. Le filtre culturel et social ayant été retiré, l'école s'est trouvée mise au défi d'*instruire* des enfants de moins en moins *éduqués* : de l'école, on leur avait donné des représentations confuses et parfois négatives ; du langage, ils n'avaient acquis qu'une maîtrise très approximative ; en guise de repères culturels, très vite, ils n'ont eu que l'éclairage glauque d'une télévision de plus en plus débile ; quant à la médiation familiale, ils n'en connaissaient souvent que le silence, l'indifférence et, parfois, la violence. Ces « nouveaux écoliers » ont posé, année après année, à un système scolaire figé, un problème dont la gravité n'a fait que croître jusqu'à menacer aujourd'hui son intégrité.

Lorsqu'il fut décidé d'ouvrir largement les portes de l'école à tous les enfants de ce pays, nous avons collectivement pris l'engagement de les y recevoir tous *tels qu'ils étaient* : ceux issus de catégories sociales peu favorisées, mais aussi ceux de plus en plus nombreux « venus d'ailleurs », en équilibre culturel et identitaire instable. Cet engagement ne pouvait être tenu au sein d'une école qui était construite pour accueillir des privilégiés préalablement triés. Il eût fallu que cette école se transformât en profondeur dans ses contenus, sa pédagogie, la formation de ses maîtres et ses finalités professionnelles. Elle est en fait restée quasiment identique à elle-même. Même si elle a donné le change en multipliant des filières qui n'étaient en fait que des voies de garage, *elle a navigué entre complaisance et cruauté, maquillant l'échec en abaissant régulièrement ses ambitions, ses exigences et… ses moyens.* Si elle a réussi *la massification* de ses effectifs, elle a complètement raté sa *démocratisation.*

Aujourd'hui, à l'entrée au collège, 15 % des enfants se trouvent en situation de grande difficulté de lecture et encore bien plus d'écriture. Brutalement livrés à eux-mêmes dans la structure morcelée d'un collège « inique », ces élèves vont s'enfoncer, année après année, dans le long couloir de l'illettrisme. Ils vont vivoter pendant quatre ou cinq ans sans tirer le moindre parti de leurs études, et l'institution les passera par pertes et profits. L'école primaire les a maintenus en survie sans vraiment parvenir à les remettre à niveau ; le collège les achève. Il y a là comme une espèce de scandale. Ils ont toujours été en retard sur les compétences affichées. Ils ont souffert d'un déficit et d'une rigidité de langage à cinq ans ; ils ont acquis quelques aptitudes au décodage des mots à huit ans alors qu'il convenait de comprendre des textes simples ; ils sont difficilement parvenus à repérer quelques informations ponctuelles à douze ans quand on attendait qu'ils soient des lecteurs autonomes et polyvalents.

Contrairement à ce que voudraient nous faire croire nos ministres successifs de l'Éducation, *la démocratisation scolaire ne se décrète pas*, ni de façon autoritaire ni de manière artificielle. Elle ne pourra se construire que sur plusieurs générations, avec infiniment de courage politique et en y mettant les moyens. Cela prendra du temps et suscitera bien des oppositions de la part de syndicats si gesticulants et pourtant si peu représentatifs. Or, du temps, nos responsables politiques n'en ont pas, parce qu'ils sont trop pressés de montrer et de se montrer; quant aux grognements syndicaux, ils les terrorisent. Tout changement dans les programmes et les méthodes ou… les rythmes, toute exigence de résultat, toute obligation de formation continue sera hué au nom de la sacro-sainte « liberté pédagogique ». *Du professeur des universités au professeur des écoles, la dispense d'obligations, de contraintes et d'évaluation compense petitement la médiocrité acceptée du salaire.*

Le bac, une parodie de démocratie

Il y a une trentaine d'années, face à la montée d'un échec scolaire qu'ils s'étaient montrés incapables d'endiguer, les responsables politiques ont sorti leur baguette magique pour *décréter* que, dans les délais les plus brefs et sans changer grand-chose, ils allaient démocratiser l'école. Ces illusionnistes maquillèrent donc la massification de l'école et pour lui donner une façade démocratique ils décidèrent qu'il fallait que l'on atteignît à marche forcée 80 % de réussite au baccalauréat. Ainsi notre école put-elle démontrer aux yeux du monde son efficacité et son équité.

Mais comment réussir ce tour de passe-passe alors qu'année après année de plus en plus d'élèves avaient du mal à lire et encore plus de mal à écrire ? Aucun problème ! Pour que la majorité pût franchir l'obstacle, il fut décidé d'*ajuster* la hauteur de la barre à la faible détente des élèves. On trafiqua donc progressivement les examens : après la suppression de l'examen de 6e vint le tour du BEPC ; et après le BEPC, on dilua le baccalauréat dans un incompréhensible fouillis d'options qui n'avaient pour point commun que d'exhiber le vocable « baccalauréat » dans leurs intitulés respectifs. Et bien sûr, année après année, on diminua les exigences du bac pour en arriver aujourd'hui à cette parodie d'examen auquel seuls certains candidats et leurs parents anxieux semblent encore croire : ils déchanteront vite en s'apercevant du peu d'impact que ce diplôme a sur le destin professionnel des lauréats.

Cette parodie de démocratisation n'a ainsi servi que ceux qui la mirent en scène et qui gagnèrent, pour un temps et à peu de frais, une notoriété politique usurpée. Ceux qui payent cher la note de cette manipulation sont les élèves et leurs parents que l'on continue à tromper sur la qualité et la durabilité des connaissances et surtout sur les capacités d'analyse et de raisonnement des bacheliers, seule condition d'une réussite possible dans l'enseignement supérieur. Car après un baccalauréat « soldé », les lauréats sont autorisés à franchir la porte de nos universités. Aujourd'hui, mes étudiants français de licence de linguistique sont pour un quart environ incapables de mettre en mots leur pensée de façon cohérente et explicite. Que vaut alors la volonté de donner plus d'autonomie aux universités pour les mener vers l'excellence, si certains des étudiants qui entrent dans l'enseignement supérieur restent de médiocres lecteurs, de piètres scripteurs et se révèlent d'une navrante maladresse lorsqu'ils ont à expliquer et argumenter ? On ne peut tolérer qu'un système éducatif ne fasse le constat – sans appel – d'insuffisances fondamentales qu'au seuil de la deuxième année d'université. C'est ignorer que nos étudiants ont été enfants de maternelle, élèves du primaire et du secondaire et que la qualité de la formation intellectuelle et linguistique qu'ils y ont acquise conditionne la hauteur des ambitions de l'université qui les accueillera.

Il nous faut donc aujourd'hui transformer la logique d'un échec promis et sans cesse différé en logique de continuité et d'accompagnement ferme et lucide. C'est la seule manière de passer d'un système complaisant et cruel à un système alliant exigence et générosité. Pour cela, il convient de gérer avec lucidité le passage des différents paliers que les élèves ont à franchir de la maternelle à l'université en mettant en place des *sas de transition*. Cela consiste à organiser des bilans réguliers situés suffisamment tôt dans l'année pour identifier les difficultés spécifiques de chacun, et sur cette base, mettre en place une véritable remise à niveau de durée et de contenu adaptés à chaque cas. C'est justement ainsi que procèdent les pays qui ont de meilleurs résultats sans pour autant dépenser plus que nous pour l'éducation. Il en serait ainsi d'un « baccalauréat » qui ferait une large part au contrôle et à l'accompagnement continus. Ce dernier sas de transition conduirait tous les lauréats à une *classe préparatoire* à l'enseignement supérieur, véritable propédeutique à l'entrée à l'enseignement supérieur. Cela permettrait aux universités d'accueillir des étudiants éclairés et bien préparés et aux lycées d'entretenir des relations de qualité avec les universités.

La tribalisation de l'échec scolaire

Le poids d'un échec trop longuement supporté engendre la marginalisation et le regroupement de ceux qui ont fini par se lasser d'une scolarisation privée d'espoir. Ce mouvement de tribalisation de l'échec se nourrit de l'immense malentendu qui s'est noué au fil des années entre une école persuadée de sa force naturelle d'imposer à tous les élèves sa légitimité et un groupe de plus en plus important de non-convaincus qui ne distinguent pas le bout du tunnel scolaire. Il convient de ne pas minimiser la dimension d'une telle tendance. L'élément essentiel de la tribalisation de l'échec est le passage de « Je ne suis pas fait pour les études » à « Ces études ne sont pas faites pour nous ». L'aveu : « Je *ne suis pas fait pour les études* » constitue une mise en cause résignée de sa propre capacité, de sa propre volonté de s'approprier les connaissances et les explications que l'école propose. L'affirmation : « *Ces études ne sont pas faites pour* nous » incrimine directement la légitimité et la pertinence des propositions scolaires et constitue une véritable profession de foi de tribalisation. Ce slogan réunit alors non plus seulement ceux qui ont de la difficulté à apprendre, mais aussi ceux qui se sont engagés dans un divorce collectif prononcé aux seuls torts de l'école.

Le glissement du paradigme de l'*inaptitude* à celui de l'*incompatibilité* donne au concept de tribalisation de l'échec toute sa dimension. En effet, à partir du moment où c'est l'école qui ne correspond plus aux spécificités supposées de sa population et de son époque, dès l'instant où se trouve dénoncée sa désuétude voire son inconvenance, alors la tribu s'élargit considérablement. Elle ne restreint pas ses limites au cercle étroit des « échoués » ;

elle est rejointe par tous ceux qui, pour des raisons diverses, trouvent là une justification à leur refus de contraintes scolaires privées de sens. L'appel tribal à la « désaffection scolaire » est ainsi entendu bien au-delà des 10 à 12 % d'élèves qui errent pendant une douzaine d'années dans le long couloir de l'illettrisme. Cet appel est reçu et souvent reconnu par une partie non négligeable de la *classe moyenne* de nos élèves, c'est-à-dire ceux dont l'origine sociale et culturelle ne devrait pas, en principe, déterminer l'échec. Notre école voit ainsi la faille culturelle qui la traverse s'agrandir ; elle risque peu à peu de perdre ainsi l'adhésion de sa « clientèle naturelle » ; ceux que Jacques Lévine appelait les « 40 % du milieu de la classe ».

Tout se passe comme si un certain nombre d'enfants – socialement bien lotis – éprouvaient ensemble le sentiment d'une immense lassitude scolaire : la conviction que toutes ces connaissances sans liens entre elles, sans liens avec ce qu'est leur vie se révèlent totalement inutiles ; la certitude que les contraintes n'équilibrent pas les bénéfices qu'on peut attendre des efforts exigés par l'école. C'est alors que la tentation de « laisser tomber » les fait rejoindre les rangs de ceux dont l'appartenance sociale a malheureusement programmé l'échec. Tout le monde se retrouve alors sur un même leitmotiv : « *Tout, sauf intello !* » Et sous cette nouvelle bannière se groupent tous ceux qui prônent l'inculture comme un mode de comportement social. Encouragés par des médias prêts à toutes formes de démagogie, ils refusent toutes références culturelles, toutes activités trop évidemment intellectuelles : périmées, affectées, inutiles !

Une étude très récente sur l'absentéisme des collégiens montre de façon très nette que le taux d'absentéisme non motivé est faiblement corrélé avec la catégorie socioprofessionnelle des familles et avec les résultats scolaires. En d'autres termes, ce ne sont pas seulement des élèves en situation de précarité et d'échec qui « sèchent » les cours ; le manque d'envie est très largement partagé par tous ceux qui constituent la classe moyenne désenchantée des scolarisés.

Pourquoi faudrait-il se lever le matin ?

Nous n'avons pas mesuré avec suffisamment d'attention à quel point l'école a progressivement perdu son caractère nécessaire. Si son utilité sociale n'est pas réellement remise en cause, les bénéfices que chaque élève a l'espoir d'en tirer deviennent de plus en plus flous. En bref, si nous n'en sommes pas encore à une société qui se passerait volontiers d'écoles, une partie non négligeable des élèves se passeraient fort bien d'y aller. L'effet débilitant de la télévision, l'apparente facilité du surf sur Internet sapent les ambitions scolaires et rendent quasiment incongrus les efforts exigés.

Face à cette menace, combien nous paraît dérisoire cette trilogie usée du « lire écrire compter » agitée pour tenter d'exorciser les forces obscures qui menacent notre école ! Nous avons aujourd'hui changé d'époque : *la charge de la preuve de la nécessité scolaire nous revient.* L'école doit apprendre à répondre en actes à cette question nouvelle et pour certains inconvenante : *Pourquoi faut-il apprendre ? Pourquoi faut-il se lever le matin pour se mettre dans la tête des connaissances dont on ne voit ni l'intérêt ni les promesses ?* Ce que l'école doit aujourd'hui démontrer jour après jour, avec la plus grande obstination c'est qu'en son sein, l'effort, la volonté, le goût d'apprendre trouvent leur juste récompense non pas en termes de possessions nouvelles, mais *en termes de pouvoir accru*. Et cette démonstration doit se faire alors même que le monde dans lequel vivent nos enfants dénigre le savoir, la mémoire et l'exigence et glorifie la vulgarité, la complaisance et la bêtise. Notre défi est de redonner à la maison comme à l'école ce *desiderio di sapere* qui s'est peu à peu éteint : ce désir qui se nourrit de la conscience fièrement affirmée de l'écart entre ce que l'on ne savait pas et ce que l'on sait, entre ce dont on était incapable et ce que l'on peut faire. En bref, il nous faut saisir toutes les occasions qui révèlent que cela vaut la peine de se donner un peu de mal pour être plus « costaud dans sa tête », plus habile dans ses gestes. Bon nombre des élèves ne sont pas convaincus par des discours moralisateurs vantant les bienfaits de l'apprentissage ; il faut leur « faire toucher du doigt » que lire, écrire, argumenter et raisonner permettent de mieux assurer son influence sur le monde et sur les autres. Il faut faire vivre à un enfant le fait que chaque étape qu'il franchit permet d'élargir son propre horizon d'espoir. Il n'est pas obligé d'aller à l'école *parce qu'*il grandit ; il va à l'école *pour* grandir. Et c'est bien cette conscience de « l'élévation laïque » qui légitimera le fait de se lever le matin pour aller à l'école. C'est ce défi que doivent relever les maîtres d'aujourd'hui ; c'est prioritairement à cela que leur formation doit servir.

L'imposture de la discrimination positive

C'est sans doute afin de maquiller ce qui apparaît comme une véritable défaite face à l'échec scolaire massif que l'on a conçu le principe de la discrimination positive. Exprimé de façon simple, de sorte qu'il frappe bien les esprits, le slogan fut ainsi proclamé : « Donner plus à ceux qui ont moins. » Qui n'applaudirait pas avec enthousiasme à cette volonté de compenser les inégalités sociales et scolaires par l'octroi de moyens supplémentaires aux plus défavorisés ? Sauf que…

Les établissements situés en zones prioritaires sont, année après année, confrontés à une diminution constante du nombre de leurs élèves. La stigmatisation dont ils souffrent entraîne une réduction des arrivées et un accroissement des départs vers d'autres établissements publics ou privés. Ce sont bien évidemment les élèves des milieux socio-économiques *les moins défavorisés* qui évitent ou fuient les ZEP, renforçant ainsi l'effet de ghettoïsation et de précarité de ces établissements. Ce phénomène rappelle le départ des familles les moins pauvres des quartiers défavorisés lorsqu'un sur-loyer leur fut imposé. À l'école, comme dans la cité, les échoués restent avec les échoués et les plus pauvres restent avec les plus pauvres. Ici et là, le ghetto resserre de plus en plus ses murs !

Peut-on aujourd'hui poser cette question qui fâche ? « *La constitution des Zones d'éducation prioritaires a-t-elle eu un effet sur la réussite scolaire des élèves ?* »

Un établissement classé en zone sensible bénéficie d'un accroissement d'environ 10 % de ressource par élève. Ce supplément de ressource est essentiellement consacré à tenter en vain de réduire les effectifs des classes et à donner des primes de mérite ou d'encouragement. La politique éducative mise en place mobilise donc des ressources non négligeables et on serait en droit d'attendre que cet effort ait un effet significatif sur les résultats des élèves. Des études sérieuses et récentes montrent sans ambiguïté que ce système n'a eu, sur une période de vingt ans, aucun effet significatif sur la réussite des élèves : aucun effet sur l'obtention d'un diplôme, aucun sur le passage en 4e et en seconde, aucun enfin sur l'obtention du baccalauréat.

Durant ces vingt dernières années, l'écart entre les résultats obtenus par les élèves de ZEP et ceux obtenus par les élèves hors ZEP n'a pas varié de façon significative. Entre 10 et 12 points de différence en ce qui concerne la lecture ; entre 9 et 11 points pour les mathématiques. Si l'on considère uniquement les élèves faibles, les écarts sont encore plus « parlants » : en ZEP, la proportion d'élèves faibles s'élève à 39 % contre 17 % hors ZEP en lecture. En mathématiques, l'écart est encore plus important[5]. Le fait que ces écarts soient importants ne doit pas vous étonner puisque l'on rassemble, dans les mêmes établissements, les élèves les plus faibles. Mais ce qui est plus inquiétant, c'est que ces écarts ne se réduisent pas, année après année, alors que l'effort consenti lui, ne se dément pas. Certains diront – et j'admets volontiers cet argument – que si l'on n'avait pas mis en place le système des Zones d'éducation prioritaires, la situation serait encore plus grave qu'elle ne l'est aujourd'hui. Mais la question n'est pas de se demander si les 700 millions d'euros attribués aux ZEP seraient mieux utilisés pour construire un porte-avions.

5. Le seul dispositif qui a réussi à diviser par deux l'écart ZEP/Non ZEP est le réseau des observatoires de la lecture (ROLL).

La question est de *savoir si un système qui légitime et accroît le phénomène de ghettoïsation scolaire peut avoir la moindre chance de permettre à ceux qui le subissent, élèves et enseignants, d'avoir un avenir scolaire, culturel et social convenable.* Ma réponse est non ! Rien n'est pire que d'accepter que l'homogénéité de certains établissements se fonde sur l'inculture, la précarité et l'insécurité linguistique. Quels que soient le dévouement et la compétence des enseignants que l'on « envoie au front », quels que soient les moyens supplémentaires qu'on leur octroiera avec parcimonie, ils se heurteront à des murs qui se resserrent jour après jour et qui les broieront un jour comme ils broieront leurs élèves. Et pendant ce temps-là…

Certains bons apôtres ont eu l'idée de créer de toutes pièces quelques merveilleux itinéraires de réussite aussi superbes qu'artificiels pour « jeunes en difficulté ». Quelques jeunes, soigneusement sélectionnés dans les milieux les moins favorisés, ont pu ainsi accéder à nos plus fameux établissements : de Sarcelles à Sciences-Po, de Val-Fourré à HEC, d'Aubervilliers à Normale Sup, il n'y aurait donc qu'un pas. Bien sûr, il faut une sérieuse « détection » pour trouver quelques « perles de banlieues » ; il faut ensuite les « cultiver » avec soin ; enfin, on doit accompagner ces *happy few* et aménager leurs parcours pour aider leur insertion dans ces écoles prestigieuses. On se doute bien que le coût de cet étayage est tel qu'il ne peut concerner que fort peu des jeunes nés du mauvais côté du périphérique. Peu importe ! Les promoteurs de cette mise en scène ne visaient pas un changement profond du système : ce qu'ils voulaient, c'est montrer leur bonté d'âme et leur grande habileté, gagnant ainsi de la notoriété et de la reconnaissance. Bien sûr, on se réjouit pour les quelques rares sélectionnés ;

bien sûr, on est heureux que les capacités intellectuelles des jeunes défavorisés aient été reconnues (mais qui donc en doutait ?) ; bien sûr, on applaudit à ces victoires très ponctuelles de l'éducation sur le déterminisme social. Mais qu'est-ce que cela change au fond ? Rien, et je dirais même qu'il fallait que cela soit fait pour que « *tout reste pareil* ». Un moment de rêve pour certains, un peu plus d'amertume pour les laissés-pour-compte, mais, finalement, Sciences-Po s'est ajouté à la longue liste des illusions déçues qui, du Loto à Zidane, meublent le triste quotidien de ces jeunes que l'école a bel et bien abandonnés.

La ghettoïsation scolaire, l'école assiégée

Dans les collèges et les lycées professionnels défavorisés, clones éducatifs des cités de relégation qui les entourent, on tente depuis des années de « jouer à l'école », comme d'autres « jouent au docteur ». On n'en finit pas de se désespérer devant ces ghettos scolaires de plus en plus ravagés par des flambées de violence. On y installe des portiques, des barrières, des caméras, on multiplie les gardes à vue intempestives. Autant de gesticulations de responsables qui ne considèrent que l'écume des choses. S'il était aussi simple de supprimer les actes de violence en confisquant les instruments de la violence, tout serait simple ! Aussi simple que d'éradiquer l'illettrisme en imposant une méthode de lecture syllabique.

Ces lieux sont peu à peu devenus des camps retranchés où des enseignants à bout de souffle tentent désespérément d'attirer des élèves rebelles à tout apprentissage et d'empêcher d'autres jeunes d'entrer pour commettre des actes de vandalisme et de violence. Quant aux parents, ils sont absents, et muets, sauf lorsque la justice s'en mêle. Écoles sanctuarisées, nous dit-on… Non ! Disons plutôt écoles barricadées, emmurées, encerclées par des forces de plus en plus hostiles ; enclaves institutionnelles détestées sur un territoire où l'on a perdu le goût d'apprendre et le devoir de transmettre !

Nous ne sortirons pas de cet engrenage épouvantable en érigeant des murailles. Bien au contraire, nous ne ferons que couper l'école de ses partenaires naturels qui, dans une situation d'extrême difficulté, sont les seuls à pouvoir la soutenir. La seule façon de sortir notre école du ghetto dans lequel des incompétents cyniques l'ont enfermée est de transformer dans ses fondements mêmes le projet éducatif dans les zones dites sensibles. Attention ! Il ne s'agit pas de réduire les ambitions d'apprentissage en les « ratiboisant » pour les adapter à ces populations ghettoïsées. Bien au contraire ! L'équipe éducative, dont on devra veiller à l'expérience et à la stabilité, ne devra rien céder sur la qualité des textes et la rigueur des démonstrations ; elle ne devra en rien négliger la précision des mots et la rigueur des règles de langage ; elle ne baissera aucunement les exigences en matière de comportements et établira les règles d'une laïcité ouverte et tolérante. Mais il faudra faire tous les efforts nécessaires pour que l'établissement devienne progressivement un lieu légitime de formation et de développement ouvert à la communauté, dans lequel les parents seront des partenaires à part entière de l'éducation de leurs enfants. L'école des quartiers devra ainsi appliquer les programmes et les règles de l'école de la République avec la plus grande fermeté et, en même temps, devenir un lieu de culture et de formation ouvert à tous. Ici plus qu'ailleurs, l'école devra devenir communautaire (pas communautariste !) ou elle disparaîtra, jetant à la rue les enfants du ghetto. Dans cette école ouverte à toutes les communautés, les enseignants devront apprendre à partager le pouvoir au sein de vrais conseils d'école responsables de sa gestion et de son animation ; les familles devront avoir droit à la parole sur tous les sujets, même si, sur les choix pédagogiques, la dernière parole reviendra strictement aux enseignants.

Partie prenante de l'éducation de leurs enfants, meilleurs alliés des enseignants, les parents retrouveront ainsi une dignité que ni leurs enfants ni l'école ne leur reconnaissent aujourd'hui dans ces quartiers. L'école deviendra leur école, celle où ils trouveront eux-mêmes après la fin des cours les moyens de progresser, d'apprendre le français, de suivre des stages professionnels. *Dans les quartiers, c'est à l'école qu'il faut confier la mission de renouer des liens sociaux, culturels et économiques, et non à un essaim d'associations dont on évalue rarement l'efficacité et qui parfois encouragent le repli identitaire*. Vitrine de notre patrimoine littéraire et scientifique, lieu républicain d'exigence intellectuelle et linguistique, elle sera aussi un espace où pourront s'exprimer les cultures familiales les plus diverses. Invitées par une école fière de ses valeurs et de son patrimoine, ces cultures « venues d'ailleurs » ouvriront à tous des horizons inconnus et contribueront à développer le respect de l'Autre et surtout l'attrait pour ce qui est différent.

Le mépris de l'apprentissage : l'orientation par défaut

Le mépris dans lequel on tient aujourd'hui le travail manuel a pour compagne la médiocrité à laquelle on a réduit le verbe et l'intelligence. Si le geste créateur est devenu moins utile, moins précis, moins justement transmis, l'esprit, lui, garant de la pensée collective, est devenu parallèlement moins aiguisé, moins responsable, moins soigneusement cultivé d'âge en âge. *À un geste flou correspond aujourd'hui une pensée molle* ; comme si nous avions progressivement renoncé à inscrire individuellement et collectivement, par la tête et par la main, une trace durable et juste sur un monde tout entier voué au culte de l'immédiat et de l'artificiel. Pas plus que l'intelligence humaine, le geste ne supporte la routine ou la précipitation. Lorsqu'une communauté néglige de cultiver le geste et l'esprit, elle prend le risque de pervertir l'un comme l'autre ; l'un comme l'autre oublient alors ce pour quoi ils sont faits : forger pour nos enfants un monde qu'ils n'auront pas honte de laisser aux leurs.

Il ne s'agit pas de céder à la nostalgie, il faut cependant se préoccuper du fait que le geste comme la pensée ont aujourd'hui une prise de moins en moins assurée sur le monde. Je suis inquiet du mépris que l'on porte à un travail manuel exigeant et noble tout comme à la rigueur d'une pensée juste et précise. Je déteste ce goût, peu à peu inculqué, pour l'imprécision et la banalité au détriment de la rigueur et de l'originalité. Le *dire* comme le *faire* subissent ainsi les mêmes pressions destructrices. C'est donc dans un même élan d'éducation et de transmission que l'on doit apprendre à nos enfants à joindre le geste juste à une pensée précise dans un souci individuel et collectif d'imposer leur intelligence active à un monde sans cela inerte et chaotique.

À tous ceux qui prétendent qu'il faut oublier littérature, sciences et histoire pour former au plus vite d'habiles plombiers ou de vaillants maçons, je réponds qu'ils font preuve d'un mépris inacceptable. Ils ont de notre société une vision sectaire, figée et partisane. J'ose dire qu'un plombier sera certainement plus compétent dans son activité et en tout cas plus fier d'exercer son métier si, au-delà de sa pratique professionnelle, il porte sur le monde un regard éclairé par une solide culture littéraire, scientifique et historique. J'ose affirmer qu'un maçon, un plongeur, un coursier… a le droit qu'a tout être humain de mettre clairement en mots sa pensée, de peser sur la discussion collective, de discuter les allégations sans fondements et de critiquer les discours sectaires. Une école qui accepterait que certains de ses élèves la quittent en état de faiblesse intellectuelle, quelle que soit leur destinée professionnelle, se renierait elle-même. Sortant de l'école de la République sans défense intellectuelle et sans viatique culturel, certains jeunes ne seraient donc bons qu'à travailler de leurs mains en mettant leurs esprits en congé ? Comme si la main pouvait se déconnecter de la tête ! Plombiers, maçons, techniciens de surface…, ils auront à affronter un monde où discours et textes de propagande et de prosélytisme sont portés par une argumentation tout à fait convaincante. Il faut donc, avant toute autre chose, que notre école les forme à l'analyse critique, afin que quelle que soit leur orientation, ils ne tiennent rien de ce qui est dit ou écrit pour acquis qui que soit celui qui l'a exprimé[6].

---

6. 87 % des Français attachent une très grande importance au développement de l'esprit critique alors que 41 % seulement font confiance à l'école pour le faire.

Aujourd'hui plus que jamais, nous devrions tous nous retrouver pour faire de la *probité intellectuelle la compagne naturelle de l'habileté manuelle*; ce couple légitime devrait être la priorité du socle commun. Car c'est lui qui conditionne la qualité de l'avenir social et professionnel de nos élèves bien plus que l'apprentissage technique trop précoce d'un métier. *Si l'école veut se mêler de formation professionnelle, il faut que cette voie soit d'excellence ou qu'elle ne soit pas!* Ce ne saurait être une orientation subie, reçue comme la sanction de l'échec dans les savoirs de base. Elle doit au contraire résulter d'un choix personnel libre et ambitieux; et la liberté de ce choix suppose que l'on puisse s'appuyer sur un socle solide de compétences et de connaissances. C'est sur une solide formation intellectuelle qu'un apprentissage professionnel peut prendre toute sa valeur, viser l'excellence et ne pas se réduire à la routine et à l'imitation servile.

Aussitôt appris, appuyez sur « delete ! »

L'école est devenue un lieu où les savoirs et même les savoir-faire s'effacent au fur et à mesure de leur acquisition. À l'école primaire mais surtout au collège et au lycée, on apprend beaucoup mais on oublie très vite. Que reste-t-il des connaissances d'histoire, de littérature, de philosophie, une fois passé le baccalauréat ? Si peu de chose, par rapport à ce que contiennent des manuels eux-mêmes très vite remisés ou vendus. À quoi rime cette comédie du savoir ? À quoi rime cette parodie d'examen de connaissances si vite évaporées ? En quoi la scolarisation contribue-t-elle alors à l'enrichissement de l'intelligence collective ?

Il est urgent de répondre à ces questions avec honnêteté et de proposer quelques pistes de réflexion si l'on veut construire *une éducation durable.*

Aujourd'hui, l'idée qu'un maître puisse avoir la volonté de laisser une trace de lui-même dans l'intelligence d'un élève paraît à certains d'entre eux incongrue, voire dangereuse. Pendant leur formation, on leur conseille souvent de garder une prudente distance avec certains sujets de crainte d'ambiguïté et ils tombent alors dans l'indifférence. On les exhorte à ne pas s'engager et ils deviennent souvent froids et ennuyeux. Ils évitent alors, comme la peste, des événements essentiels, quitte à laisser de côté certains pans entiers de notre histoire ; ils reculent devant une critique ferme et franche de certains préjugés et faux-semblants par crainte de l'affrontement. Apparent paradoxe, ils sont tout aussi prompts à s'égarer parfois sur des voies incertaines ; enclins à s'emparer de théories sans réels fondements, mais terriblement « tendance ». Ils se laissent ainsi ballotter par des modes idéologiques et des démarches pédagogiques sans fondements au point d'en oublier que la formation des intelligences, le partage d'un patrimoine culturel et le questionnement exigeant du monde sont leurs priorités absolues.

Et pourtant, qu'est-ce qui peut légitimer le choix du métier d'enseignant sinon l'envie d'intervenir sur l'intelligence sensible de chaque élève, d'aiguiser son esprit et d'affermir sa personnalité par un engagement et un enthousiasme personnels ? Bien sûr, en aucune façon il ne s'agit d'endoctriner, d'induire un choix idéologique ou spirituel. Mais partager ensemble le bonheur de découvrir le beau et le vrai, telle est la mission d'un maître. Si, parmi ceux qui se destinent à cette mission d'enseignement, certains n'ont pas cette conviction et cette volonté, si certains ont la faiblesse de penser que le beau et le vrai sont choses relatives, je leur dis sans ambages : « Faites un autre job ! Car être enseignant, c'est chaque matin, à 8 h 30, portant le poids de vos difficultés personnelles, de vos frustrations et de vos espoirs déçus, pousser la porte d'une classe. Là, vous attendront une trentaine d'enfants-des-autres qui souvent ne savent pas vraiment pourquoi ils sont là et qui parfois souhaiteraient être ailleurs. Tous les matins, vous aurez à tisser ce lien d'éducation qui signifie tout simplement éveiller, faire surgir en vous-même et dans l'autre l'épure d'un demain meilleur, plus riche de sensibilité, plus pleinement réalisé qu'il ne l'est aujourd'hui, qu'il ne le fut hier. Tous les matins, vous devrez faire ce pari magnifique de laisser une trace de vous-même sur chacune de ces jeunes intelligences. Trace incertaine, trace éphémère, trace que chaque élève interprétera à sa manière, mais trace singulière laissée par un adulte professionnellement engagé dans la transmission des valeurs et des savoirs. »

Pour arrêter l'évanouissement des savoirs scolaires, il faut donc l'engagement et l'enthousiasme d'un enseignant, mais il faut aussi que *des liens soient tissés entre les connaissances acquises et les événements du monde.* Sans tomber dans l'anachronisme et l'artificiel, il faut, à l'école comme à la maison, trouver des occasions pour montrer que ce que l'on apprend du passé éclaire et explicite le monde actuel. Les faits historiques doivent donner sens et profondeur à l'actualité ; les phénomènes naturels qui sont sous nos yeux doivent être questionnés et examinés à la lumière de ce que l'école nous a appris. Les savoirs scolaires doivent ainsi témoigner de leur actualité, mais ils doivent aussi nous enchanter : les équations mathématiques exhiberont fièrement leur élégance et les plus beaux poèmes révéleront ouvertement leur grâce infinie.

Enfin, rendons un ultime hommage à la main qui trace sur une belle page blanche des lignes destinées à un autre. Ces lignes écrites à la main par un élève, attentif à la qualité graphique, à l'organisation et à la correction, affirment sa volonté de laisser sa propre trace. Une trace superbe ou médiocre, mais la sienne, dessinée de sa propre main, forgée par sa propre intelligence dans l'exaltation et le labeur solitaires. Cette écriture qui fait d'une main singulière l'alliée fidèle d'une intelligence singulière, rien ne peut ni ne doit la remplacer. Elle construit la conscience de chaque élève et cultive son goût de l'Autre.

Que de conneries en TON nom !

Sous le masque du sacré

Une religion digne de ce nom doit obliger celui qui choisit d'y entrer à découvrir patiemment et lucidement l'immense quantité des textes qui ont été, siècle après siècle, soigneusement transcrits, sans cesse interprétés et sans cesse discutés. C'est le libre questionnement de ces récits et réflexions, collectivement conçus d'âge en âge, qui proclame que la foi ne doit en aucun cas aveugler l'intelligence singulière du croyant. Quel que soit le nom (ou l'absence de nom) du dieu qu'elle vénère, c'est la liberté d'interprétation des textes qui différencie définitivement une religion d'une secte. Si la foi s'impose au croyant comme une nécessité, une religion, elle, exige une pleine lucidité lorsqu'on choisit d'y adhérer. Celui qui entre dans une religion, quelle qu'elle soit, doit se donner ainsi la peine d'aller en analyser *lui-même* les discours et les textes. Il faut qu'il soit capable de faire *l'effort du sens* avec autant de liberté que de respect pour les textes. Entrer en religion, c'est pénétrer dans une immense bibliothèque qui conserve la trace de ce que, de génération en génération, les hommes ont écrit *pour d'autres hommes* à propos de Dieu. On n'y entre pas les yeux bandés ; on doit aller soi-même chercher sur des rayons immenses les textes laissés par d'autres en d'autres temps. Ces traces ne sont pas conservées pour que l'on y mette servilement nos pas ; elles sont les interprétations et les témoignages d'une communauté pensante offerts de génération en génération à la discussion collective.

On n'entre pas dans une religion comme on adhère à un club, en payant sa cotisation et en fournissant un mot de passe afin d'y retrouver des « amis croyants » avec lesquels on partagera des rituels dont on ignore le sens ou, pire encore, la haine des mêmes ennemis, des mêmes mécréants. En matière de religion, *plus le chemin de l'engagement est court, plus l'effort intellectuel exigé est faible et plus la spiritualité s'efface devant le prosélytisme et la haine de l'autre.* Que vaut une conversion acquise en prononçant unc formule magique dont on ignore souvent le sens ? Rien ! Sinon qu'elle avilit et ridiculise le converti et le culte. L'adhésion à une religion ressemble de plus en plus aujourd'hui à l'inscription à un réseau social : un mot de passe, un pseudo et l'on est autorisé à faire partie d'un clan dont on imitera maladroitement les rites, dont on répétera sans les comprendre les prières et dont on partagera préjugés et mots d'ordre. Honte à tous ceux qui, de quelque confession qu'ils soient, portent leur religion comme un signe de reconnaissance acheté à vil prix et exhibé avec d'autant plus d'agressivité. *Une religion se mérite par l'effort intellectuel qu'on lui consent.* Seul compte le savoir partagé acquis par l'étude profonde des textes et surtout, nourri par le goût de l'échange bienveillant et fertile à propos des textes des autres religions. L'adhésion religieuse aveugle, servile et bâclée pervertit le principe religieux et ouvre la voie aux mouvements intégristes les plus détestables.

Des prophètes autoproclamés exploitent en effet les faiblesses et les peurs, les frustrations et les ressentiments de ces ignorants. Ils profitent de la crainte ou de l'incapacité de certains d'ouvrir les portes de discours et de textes qu'ils pensent hors de portée de tout questionnement. La faiblesse intellectuelle de certains groupes sociaux est le meilleur allié de tous les intégristes religieux et des gourous sectaires. Privés de leur droit au questionnement, à l'analyse et à l'interprétation, ces « embrigadés » doivent ainsi se résoudre à ce que les mots du sacré ne soient que des récitations privées de sens, des mots d'une communion factice d'où l'esprit même est exclu.

Une table, quelques chaises. Trois fronts penchés sur un même livre qu'il soit profane ou bien sacré. De temps à autre, une tête se redresse, s'ouvre une bouche qui dit son intime conviction, son intime interprétation. Discutée, pesée par tous, confrontée au texte présent, mais aussi éclairée par tous les autres textes, cette proposition prend sa place dans la construction collective du sens qui, d'âge en âge, de texte en texte, nous prolonge et nous unit. Nul n'en est exclu qui accepte la règle de la transmission : ni servilité ni trahison.

Quand la religion devient officine de recrutement et objet de commerce

Certains groupes religieux sont tentés par des formes diverses de communautarisme et, sous prétexte de faire valoir des identités ethniques, sociales ou confessionnelles, refusent l'idée même d'une entité nationale, à la fois multiple et fondée sur des valeurs républicaines partagées. Deux exemples pour montrer à quel point la connerie est équitablement partagée entre musulmans et juifs[7].

Leïla a trente ans, mariée à Mustapha, agent de sécurité dans une grande surface ; elle est secrétaire intérimaire et ne porte pas le voile. Ils ont un fils de sept ans. Elle nous raconte la visite d'un de ces prosélytes barbus, il y a quelques mois :

Il est 18 heures ; on sonne à la porte de l'appartement dans une cité de Bagneux. Leïla ouvre et se trouve devant un homme barbu, en djellaba, qui exige de voir son mari. Celui-ci ne revient que vers 18 h 30 et Leïla demande le motif de cette visite. Elle n'a droit qu'à quelques mots grommelés dont elle croit comprendre que c'est une affaire qui ne la concerne pas et que l'on va attendre. Toutes les questions, toutes les protestations de Leïla restent lettre morte. L'homme s'installe sans un mot et sans un regard.

18 h 30, Mustapha rentre. Il porte le costume foncé qu'il a l'habitude de mettre pour aller travailler. L'homme se lève et le salue en arabe sans lui laisser le temps de dire bonjour à Leïla. Bien mieux, il lui demande de faire sortir Leïla de la pièce afin qu'ils puissent parler entre eux. À la grande surprise de Leïla, son mari obtempère ; elle doit s'exiler dans la cuisine et reste à l'écoute, folle de rage. L'entretien commencé en arabe se poursuit en français, car Mustapha parle très médiocrement l'arabe :

– Dis-moi, Mustapha, on ne te voit pas souvent à la mosquée. Est-ce que tu sais au moins où elle est ? Et tes prières, tu les fais ? Tu sais que c'est ton droit, même au travail.

7. Elle n'épargne pas évidemment certains catholiques sectaires.

Mustapha s'excuse comme un enfant pris en faute ; il prétexte que son travail, très prenant, l'empêche d'être aussi assidu qu'il le devrait. L'autre enchaîne aussitôt :

– Je sais que tu as un fils ; il va à l'école des Français. Bon ! c'est bien, mais est-ce que tu sais ce qu'il mange à la cantine ? La viande, c'est pas de la viande hallal. Il faut que nos fils aient le droit de manger hallal comme les autres ont leurs droits… Tu es d'accord ? On est en train de s'occuper de ça…

Mustapha acquiesce sans mot dire.

– Et puis quand ta femme va le chercher à l'école, tu dois lui dire qu'elle mette le voile. Toutes les mères le mettent. C'est normal. Comme ça, on voit à qui sont les enfants.

Mustapha proteste faiblement : sa femme est née ici, elle n'a pas été élevée dans la tradition…

L'autre le coupe :

– Eh bien ! C'est à toi de lui apprendre. Et ton fils… Tu sais que nous avons fait des cours de soutien pour les enfants de la communauté. On les aide pour leurs devoirs et après, on fait leur éducation pour qu'ils n'oublient pas qui ils sont. Bon, vendredi, on t'attend avec ton fils, on compte sur toi.

Lorsque Leïla finit de me raconter cette scène, elle me dit que ce qui l'avait le plus choquée, c'était l'inattendue docilité de son mari : « Il avait, me dit-elle, une sorte de soumission, comme s'il se sentait coupable de quelque chose. Il était prêt à leur amener Rachid ; mais j'ai tenu bon. Seulement, comme tous les garçons de sa classe allaient au "soutien coranique", il a fini par me demander d'y aller lui aussi. Alors, maintenant, une fois par semaine, il va réciter le Coran. Ma seule chance maintenant, c'est de le changer de quartier… »

Le récit de Leïla me rappelle une scène que j'avais moi-même vécue quelques années auparavant. C'était une veille de Hanouka (nouvel an juif) et j'étais venu passer la soirée chez ma mère, à Créteil.

20 heures, on sonne, et je me retrouve devant deux hommes, kippa sur la tête, talleth (voile de prière) sur les épaules. Ils me proposent de me poser les téfilines et, devant mon refus poli, engagent une conversation dont les articulations sont étrangement proches de celle que Leïla m'avait rapportée.

– Dites, monsieur Bentolila, vous êtes de chez nous. (Je ne réponds pas.) Oui, vous êtes d'Algérie. (J'acquiesce.) Vous savez qu'on est une bonne communauté de Juifs pieds-noirs ici. Vous ne venez pas à la synagogue, même pour les fêtes ? Vous savez, des hommes comme vous doivent aider la communauté.

Je lui demande ce qu'il entend par « aider la communauté ».

– Eh bien, on organise des réunions, des conférences pour faire comprendre notre point de vue. Et puis, on essaie de ramasser des fonds pour aider nos frères là-bas. Parce que, ici comme là-bas, si on ne se soutient pas…, on ne peut compter que sur nous.

Je lui dis calmement que je n'ai pas de « frères là-bas » et même pas de frère du tout.

– Bon, mais vous n'êtes pas de leur côté, quand même…

Je tente de lui expliquer que je suis du côté de tous ceux qui veulent la paix, ici et… là-bas. Je lui dis que le fait d'être juif ne m'oblige pas à épouser la cause de qui que ce soit. Et m'enflammant un peu, je finis par lui dire que je n'ai pas choisi de naître juif et que j'entendais bien garder ma liberté de penser, y compris de penser du mal de certains dirigeants israéliens. Là, j'avais dépassé les bornes ! Ils battent précipitamment en retraite, barbe au vent, dans un grand envol de talleth. En passant dans le hall, ils croisent un de mes jeunes cousins… « Et je suis sûr qu'il n'a pas fait sa bar-mitsva, celui-là… », maugrée le plus âgé en sortant.

Ce sont les enfants qui sont toujours au centre des convoitises de ces prosélytes ! Ils veulent mettre la main sur eux le plus tôt possible sous les prétextes les plus présentables : les aider à faire leurs devoirs, leur inculquer des règles de bonne conduite, les préserver des tentations de consommation de drogues, les mettre à l'abri des trafics illégaux. Tout cela paraît porté par les meilleures intentions et on aurait tendance à féliciter toutes ces associations communautaires de toutes confessions pour le rôle éminemment utile qu'elles jouent en complément de ce que l'école tente d'apporter en termes d'éducation et d'instruction. Mais, lorsqu'on y regarde de plus près, on se rend compte que chacune de ces règles de vie quotidienne est légitimée par un précepte religieux. Il faut travailler à l'école, non pas pour réussir dans la vie, mais parce que le Coran ou la Torah le dit ; il ne faut pas toucher à la drogue, non pas pour ménager sa santé, mais parce que le « livre » l'interdit ; et enfin, si on ne doit pas boire d'alcool, ce n'est pas pour éviter la cirrhose, c'est parce que le livre l'exige. Tout se passe comme si l'ensemble des règles morales, des choix culturels et des comportements sociaux étaient soumis au dogme religieux. Tout commence et tout finit par le Coran ou la Torah, sources de tous les savoirs, premiers et derniers décisionnaires de l'interdit et du licite. On voit donc bien le danger. Pour ces associations prosélytes de tout bord, les livres sacrés ont réponse à toutes les questions, à tous les problèmes ; la stricte application des textes indique non seulement quelle est la juste voie, mais surtout *pourquoi* elle est juste. Des prophètes autoproclamés deviennent ainsi des maîtres à vivre et à penser. Dans un premier temps, ce ne sont pas les valeurs de la République qu'ils mettent en cause ; ce dont ils veulent s'emparer, *c'est du pouvoir de les justifier.* Le risque est évidemment que l'on commence par légitimer des comportements parfaitement souhaitables pour insidieusement imposer des règles de vie de moins en moins acceptables fondées sur l'interprétation obscure et équivoque de textes archaïques.

Enfin, dans un domainc plus trivial, le profit est malheureusement souvent au bout du chemin du dévoiement religieux ! Les mots du sacré sont devenus vénaux. Hallal et casher sont aujourd'hui des marques déposées qui font vendre. Tant qu'il s'agit de viande, on peut encore comprendre, mais la supercherie dévoile toute son ampleur lorsqu'on vend au nom de Dieu des bonbons, du sel, du poivre, des produits de beauté et, tout dernièrement, des « sex toys » (« à condition, bien sûr, qu'ils soient utilisés dans le strict cadre du mariage », précise un site estampillé *beth din*). Comment peut-on imaginer que des êtres dotés d'intelligence puissent croire que le fait d'utiliser une crème casher leur attirera les bonnes grâces du Tout-Puissant ? Comment est-il possible que les médias et les intellectuels, craignant sans doute de contrevenir au « théologiquement correct », ne dénoncent pas avec force une telle stupidité et un tel scandale ? Ces marchands du Temple, soutenus par des institutions religieuses complices, foulent au pied l'idée même de religion et de spiritualité.

L'intolérance fille de l'obscurantisme

L'indifférence, le silence et la solitude de l'enfance ; les faux-semblants, les mensonges et le cynisme plus tard jettent bien de jeunes adultes dans les bras de ceux qui transforment le spirituel et le sacré en intolérance et en barbarie. Ceux qui, promettant de combler le vide des âmes, refusent définitivement le dialogue et la réflexion.

Obscurantisme et intolérance, ces mots me renvoient à une fin d'après-midi à Casablanca. J'avais été invité à faire une conférence à la faculté des lettres ; j'arrivai donc vers 17 h 30 et trouvai le campus plongé dans le désordre, la fureur et le bruit. Le doyen vint à moi, très agité, et m'annonça que des étudiants islamistes manifestaient.

– Pourquoi manifestent-ils ? lui demandai-je.

– Parce que le prix du restaurant a été augmenté, me répondit-il.

– Je trouve cela légitime, lui dis-je.

Il se lança alors dans une longue explication assez peu convaincante où se mêlaient arguments financiers et règles administratives. Je lui accordai une attention distraite et tendis l'oreille afin de distinguer ce que criaient les centaines d'étudiants assemblés dans la cour d'honneur. Quelle ne fut pas ma stupéfaction quand je reconnus, au lieu des slogans revendicatifs que j'attendais, une scansion collective de sourates du Coran ! Ainsi donc, la juste mise en cause de l'augmentation du prix du restaurant universitaire se traduisait par une récitation collective et totalement inappropriée du Livre des livres.

– C'est toujours comme ça, me dit le doyen, devant mon étonnement. Chaque fois qu'il y a un problème, ils commencent par réciter le Coran et ensuite ils cassent !

– Ils cassent ?

– Oui, et ça leur arrive de plus en plus souvent.

Je fis ma conférence devant un public nombreux et intéressé par les rapports entre langue et pouvoir ; quelques dizaines d'étudiants islamistes avaient déserté la cour d'honneur et m'écoutèrent avec beaucoup de courtoisie. Vers la fin de mon exposé, emporté par un élan de sincérité, je leur tins les propos suivants :

– Comme vous le savez vraisemblablement, je suis juif, né pas très loin de chez vous. Le soir de Pâques, mon grand-père disait une longue prière que l'on appelle « Hagada ». Pour nous, les enfants qui attendions le dîner, elle paraissait interminable. Mon grand-père disait cette prière d'abord en hébreu, puis la traduisait en espagnol pour les membres de la famille qui ne comprenaient pas l'hébreu, et enfin, il la disait en arabe à l'intention de nos voisins musulmans qui traditionnellement participaient à nos fêtes. À l'époque, je trouvais cela pénible ; ces longues heures que nous passions, la faim au ventre, attendant désespérément que le supplice s'arrête, nous semblaient de l'ordre de la punition arbitraire. Aujourd'hui, je ressens une grande tendresse et un immense respect pour cet homme que j'ai bien peu connu et qui donnait une si belle leçon d'humanité. Il pensait que la parole, fût-elle de Dieu, devait être comprise, sa signification transmise.

Un des étudiants barbus se leva alors et me dit, sans agressivité excessive :

– Professeur Bentolila, votre grand-père avait grand tort.

– Et pourquoi donc avait-il tort ? répliquai-je.

– Parce que la parole de Dieu ne se traduit pas. Elle n'en a pas besoin. Et d'ailleurs, ajouta-t-il en prenant l'amphithéâtre à témoin, tout musulman sait lire le Coran.

– Mais, aventurai-je, le Maroc compte plus de 50 % de musulmans analphabètes : comment sauraient-ils lire le Coran ? Et de plus, n'oubliez pas que fort peu comprennent et parlent l'arabe classique, ce qui fait que même appris par cœur, ils n'en comprennent pas le moindre mot !

– Ils savent lire le Coran, me répondit-il de façon définitive, justement parce qu'ils sont musulmans.

Je compris que nous étions arrivés au bout de la discussion ; là où se confondent verbe et incantation, lecture et récitation, foi et endoctrinement ; là où le caractère sacré d'un texte dispense le lecteur de tout effort de compréhension ; là où la quête du sens devient immédiatement dangereuse, profanatrice et impie.

Alors que je sortais, mon interlocuteur barbu m'arrêta courtoisement :

– Vous savez, professeur Bentolila, ce que Dieu a dit au Prophète avant la Révélation ?

– Oui, répondis-je, il a dit à Mahomet, qui était un parfait analphabète : « Lis au nom de ton Seigneur ! »

– Bon, alors vous voyez bien qu'un musulman sait lire le Coran simplement parce qu'il est croyant.

– Non, lui répondis-je, Coran, Talmud ou Nouveau Testament, nous devrons toujours nous battre pour construire le sens du texte en lui témoignant infiniment de respect sans pour autant renoncer à l'interpréter. C'est honorer Dieu que de recevoir sa parole avec autant d'humilité que de volonté de comprendre.

Il me jeta un regard lourd de commisération dédaigneuse pour tant d'intelligence gâchée à réfuter l'évidence, à questionner l'inquestionnable et s'en fut rejoindre ceux qui refusent le risque de la communication ouverte pour s'enfermer dans un cercle de communion factice où la langue, interdite de signification, n'est plus qu'un signe de ralliement des uns et… d'exclusion des autres.

Laisser une trace ou désespérer d'être

Écrire répond à deux questions qui définissent notre humanité parce qu'elles interrogent notre conscience d'être. La première est : « *Est-ce que je suis ?* » ; la seconde est : « *Serai-je encore après…* »

La première question ne nous quitte jamais ; elle est toujours là, tapie dans l'ombre, toujours prête à nous bondir à la gorge lorsque l'on s'y attend le moins. Toujours prête à nous entraîner dans ces abîmes vertigineux où se dissout notre intégrité ou se défait notre cohérence. Et l'homme n'a jamais trouvé meilleure défense, jamais construit meilleur abri que ces pages écrites avec le souci de l'Autre. L'écriture est la seule vraie réponse, le seul remède honorable contre le doute fondamental qui taraude notre esprit : « *Qu'est-ce qui fait que je suis Moi et non pas seulement un système complexe de cellules, un agencement astucieux d'organes ?* » Je suis celui qui écrit et qui, en écrivant, laisse dans l'intelligence de l'Autre une trace qui, pour être maladroite et sans réelle beauté, est une preuve tangible de mon existence. Je suis celui qui a lu l'Autre, et ces traces laissées dans ma propre pensée ont construit ma singularité et ma cohérence. Je ne suis donc en fait qu'une pensée en acte nourrie par tout ce que j'ai lu et écrit moi-même. C'est parce que je suis, par la grâce du verbe, à la fois « traceur » et « tracé » que je peux apaiser les chiens fous qui menacent de déchirer ce Moi si fragile. Quand je pousse la porte de mon amphithéâtre, quand je me mets à écrire, j'ai envie de vous dire, étudiants et lecteurs inconnus : « Vous ne partirez pas sans porter la marque des griffes de mes mots. » À la question si éminemment humaine : « Est-ce que je suis ? », l'écriture et aussi la parole proposent une réponse sans cesse renouvelée, sans cesse réaffirmée : « Je suis pour l'Autre. »

La seconde question nous accompagne, elle, tout au long de notre vie ; elle est à la fois un aiguillon qui accélère un galop qui nous grise, et une douleur qui nous paralyse et nous désespère. « *Serai-je encore après... ?* » Tel est le doute lancinant qui peut parfois ébranler notre goût de vivre et de construire. L'écriture est sans aucun doute la façon la plus juste et la plus honorable de l'apaiser un peu. Si l'on écrit, c'est avant tout pour laisser pour un autre que l'on ne connaît pas une trace de soi-même qui, nous l'espérons, nous survivra. Écrire, c'est affirmer l'espoir, qui nous console un temps, que l'esprit, notre esprit, existera encore pour quelqu'un lorsque notre corps ne sera plus.

Ce que nous devrions apprendre, nous croyants ou non-croyants, à nos enfants, à nos élèves, c'est ce que l'humain a de plus précieux et de plus spécifique : transmettre au-delà de la mort, laisser sa propre trace pour celui que l'on ne connaît pas. Une trace superbe ou médiocre, mais la sienne, dessinée de sa propre main, forgée par sa propre intelligence dans l'exaltation et le labeur solitaires ; une trace qui sera reçue, peut-être, par d'inconnus lecteurs comme sa prolongation spirituelle. En renonçant à l'ambition d'écrire autre chose que des banalités, en ayant perdu le courage de dépasser les quelques dizaines de pauvres mots mal organisés que nous octroient SMS ou Twitter, en ayant mis au rebut nos outils de traçage et nos pages blanches, en ayant enfin abandonné l'espoir qu'un lecteur inconnu accueillera un jour notre pensée, nous avons créé *des cohortes de « petites poucettes » condamnées à ne laisser d'elles-mêmes que des traces éphémères, qu'elles auront oubliées dans l'instant et qui ne seront recueillies par personne.*

Et le désespoir de n'être rien conduit à la crédulité imbécile et à la violence aveugle…

Comment des jeunes et des moins jeunes ayant passé plus de quinze ans dans l'école de la République peuvent-ils avaler ce qui nous apparaît relever de l'amalgame, de l'illogisme et de la haine imbécile ? Comment peuvent-ils se laisser berner par des démonstrations marquées au coin du contresens ? Comment peuvent-ils se laisser convaincre par des arguments de pacotille et s'en aller tuer et se faire tuer dans des guerres auxquelles ils ne comprennent rien ? Tout simplement parce que l'école depuis trop longtemps en friche et la famille souvent sans repères ont perdu la bataille contre l'abêtissement. Et ne croyez pas qu'il s'agisse uniquement de jeunes des quartiers, issus de l'émigration et vivant dans l'inculture et la pauvreté. Ces jeunes sans repères et sans perspectives appartiennent aujourd'hui à des milieux sociaux, culturels et confessionnels de plus en plus diversifiés. Piégés sur Internet, beaucoup ont de plus en plus tendance à accepter, sans les mettre en cause, les affirmations radicales, les explications définitives et les propositions indécentes. La personnalité de celui qui impose ces messages (gourou, faux prophète), la puissance du vecteur qui le véhicule (forums et sites en ligne, vidéos) suffisent à éteindre l'esprit critique vacillant de ceux à qui s'adressent des messages présentés comme vérités irréfutables. Le « je l'ai entendu à la radio » a fait place à « je l'ai vu sur Internet ». Car c'est bien sur Internet que la vulnérabilité intellectuelle fait le plus de dégâts.

Là, des jeunes, qui ont renoncé à agir sur le monde et à y laisser une trace singulière, des jeunes qui n'ont pas la force intellectuelle indispensable pour analyser les discours, les textes et les images se laissent facilement séduire par ceux qui leur promettent de donner un sens à leur existence. Un jour nouveau éclaire enfin la précarité et la marginalisation qu'ils subissent, mais surtout *chasse l'atroce impression de n'être rien*. Les responsables de tous leurs malheurs sont ici dénoncés, un complot enfin identifié. Ils trouvent une cible à la haine qui les dévore et un enjeu qui enfin les rassemble. On pointe un ennemi à combattre dans une guerre qu'on leur dit juste et nécessaire. On leur présente la vision d'un monde définitivement divisé par des mots d'ordre qui disent ceux qui méritent de vivre et ceux qui doivent mourir. Que demander de plus lorsque les jours se suivent dans la médiocrité, la monotonie et le mépris de soi et que se renforce une rancœur tenace contre une injustice anonyme ? Tout ce qui éclaire leur quotidien glauque, tout ce qui apaise leur sentiment de néant est accueilli avec reconnaissance : enfin élus, enfin reconnus ! Comment des jeunes dont l'univers se borne à une téléréalité imbécile, à des jeux vidéo débiles et à des amitiés frelatées ne se laisseraient-ils pas séduire par les propositions d'aventures héroïques que de faux prophètes leur présentent estampillées par une toute-puissance spirituelle ? Ce que nous avons offert en sacrifice, sur l'autel du Web, à ces dangereux manipulateurs, ce sont les intelligences émoussées, les mémoires vides et le dégoût de soi d'une partie de notre jeunesse. Il ne suffit pas d'emprisonner les recruteurs ; comme il est vain de tenter de bâillonner Internet. Ils arriveront en rangs de plus en plus serrés, ces salauds qui proposeront à ceux qui n'ont jamais eu de point d'appui de tuer, pour se sentir vivants, les Juifs aujourd'hui, les Noirs demain, et puis les femmes et les pédés et les Arabes, c'est-à-dire tout ce qui est différent et vulnérable.

Nous tous avons failli à enseigner à ces jeunes égarés que ce qui sépare l'homme de l'animal, c'est sa capacité d'épargner celle ou celui qui affiche ingénument sa vulnérabilité. Sa faiblesse, parce qu'elle est humaine, doit être la meilleure garantie de sa survie ; sa fragilité, parce que humaine, doit être sa plus sûre protection ; sa parole, parce que humaine, représente sa plus juste défense par sa vertu d'ouvrir les unes aux autres les intelligences. Le désespoir de ne compter pour rien ni pour personne, le refus de se résigner à ne laisser ici-bas aucune trace de leur éphémère existence ont réduit certains des enfants de ce pays à tenter de *trouver d'autres moyens pour imprimer leurs marques : ils haïssent, ils meurtrissent, ils tuent ou… ils se tuent.*

Si certains des enfants de ce pays passent à l'acte pour les pires raisons, c'est parce que, face à l'inculture, aux préjugés et à la crédulité, l'école et la famille n'ont pas adopté une attitude de résistance résolue. Nous ne leur avons pas fourni les armes intellectuelles et linguistiques qui devaient leur permettre de jeter des ponts au-dessus des fossés religieux, culturels et générationnels qui nous séparent. Reconnaître nos différences, les explorer ensemble, reconnaître nos divergences, nos oppositions, nos haines et les analyser ensemble, ne jamais les édulcorer, ne jamais les banaliser, **mais** ne jamais leur permettre de mettre en cause notre commune humanité : voilà à quoi doit servir une intelligence collective dont nous aurions dû, tous, garantir la fermeté et assurer la cohérence. Faute de quoi, ne reste plus à ces égarés de plus en plus nombreux que le « sale espoir ».

Appartenance et identité

Dans une période où critiquer l'action du gouvernement israélien vaut d'être traité d'antisémite, dans un temps où reconnaître le droit à l'existence de l'État d'Israël vaut d'être accusé d'islamophobie, il est urgent d'imposer une distinction fondamentale entre « *appartenance* » et « *identité* ». On **n'est** pas un juif, un musulman ou un catholique, on **appartient** seulement, par un hasard heureux ou non, à un groupe qui partage certaines croyances, certaines habitudes culturelles, certains rituels. Cette appartenance n'efface en aucune façon la singularité intellectuelle de chacun. Elle ne définit pas notre identité. La distinction entre appartenance ($x \in E$) et identité ($x = E$) est absolument essentielle car c'est elle qui permet de comprendre nos différences, nos divergences et d'en « disputer » sans pour autant trahir sa communauté ou avoir honte de ses racines. *Une appartenance ne se nie pas mais elle ne nous définit pas.* J'appartiens à la communauté juive, MAIS je revendique le droit de ne pas être sioniste ; tu appartiens à la communauté musulmane, MAIS tu reconnais le droit à l'existence de l'État d'Israël. En bref, la laïcité française ne contredit pas une appartenance religieuse, mais elle garantit à chacun, sa liberté de penser et forge sa probité intellectuelle. Tout citoyen doit avoir la capacité d'analyser avec objectivité, profondeur historique et humanisme, une situation dans toute sa complexité en refusant que quiconque, au nom d'une appartenance commune, vienne lui imposer une vision tronquée et stéréotypée.

L'appartenance à une communauté confessionnelle et/ou culturelle contribue bien sûr à colorer notre identité d'une façon particulière ; elle la place au sein d'un réseau où l'on partage des comportements, des croyances et des goûts communs qui sont autant de signes de reconnaissance ; mais en aucun cas cette appartenance assumée ne doit nous dicter nos analyses politiques, scientifiques ou sociales. En aucun cas elle ne doit aliéner notre liberté de penser et de juger.

Rabbins, imams, quand, dans une synagogue ou une mosquée, vous dénoncez avec partialité et haine parfois, l'ennemi arabe ou juif, vous offensez. Celui-là même que vous prétendez honorer. Et vous ajoutez le blasphème à la bêtise. Vous les premiers devriez repousser la tentation d'imposer à vos fidèles une pensée grégaire, partiale et dangereuse. Car ce qui distingue une religion d'une secte c'est la reconnaissance de la complexité, l'acceptation de l'incertitude et du doute.

La médiocrité grandissante de médias complices, la baisse progressive des exigences scolaires ont laissé s'installer une terrible inculture historique, littéraire et scientifique. Pire encore s'est généralisée une forme de méfiance envers tout ce qui ressemble de près ou de loin à une réflexion intellectuelle. Et nous avons renoncé à l'ambition du « nourrissage culturel » seul rempart contre la dictature de l'appartenance. Oubliés le questionnement ferme, le raisonnement rigoureux, la réfutation exigeante ; toutes activités tenues aujourd'hui pour ringardes et terriblement ennuyeuses, remplacées par le plaisir immédiat, l'imprécision et la passivité. Les valeurs culturelles, sociales et morales qui fondent notre intelligence collective ont cédé ainsi la place aux apparences identitaires, filles de l'entre-soi.

Nous nous trompons d'ennemi ! Ce n'est certainement pas la diversité culturelle et confessionnelle qui nous menace. Le danger que nous avons aujourd'hui à affronter c'est une véritable « consomption intellectuelle » : celle qui verra nos mémoires vides errer sans but dans un désert aride attirées par le premier appel à la haine, obéissant au premier mot d'ordre de meurtre. La mère des batailles ne se livrera pas contre d'autres groupes, contre d'autres communautés mais avec tous ceux qui, sans se renier, accepteront de chercher ensemble le sens de nos vies. Nous sommes en train d'oublier la valeur de la Vie tout en braillant chacun de son côté le nom de Celui qui est censé l'avoir créée. Si IL existe, qu'il soit sourd à ces invocations ; car nous sommes devenus trop cons pour qu'il nous reconnaisse. Nous finirons, en Son nom, par nous entretuer ici même dans notre France républicaine : l'insulte appelant l'insulte, la vengeance appelant la vengeance, le sang appelant le sang.

En guise de conclusion, un extrait du merveilleux poème de Victor Hugo dont la musique a accompagné constamment l'écriture de ce livre :

« À ceux qu'on foule aux pieds » (1872)

Je défends l'égaré, le faible et cette foule
Qui, n'ayant jamais eu de point d'appui, s'écroule
Et tombe folle au fond des noirs événements.
Étant des ignorants, ils sont des incléments.
Hélas ! Combien de fois faudra-t-il vous redire
À vous tous que c'était à vous de les conduire,
Qu'il fallait leur donner leur part de la cité,
Que votre aveuglement produit leur cécité.

Sommaire